AF532852

Waltraud Hönes

Seele der Landschaft – Landschaft der Seele

Waltraud Hönes

Seele der Landschaft – Landschaft der Seele

Eine Wiederbegegnung von Mensch, Mythos und Natur

Der schamanische Weg von Wayna Fanes

Bücher haben feste Preise.
1. Auflage 2013

Waltraud Hönes
Seele der Landschaft – Landschaft der Seele

Titelseite:
Foto: Waltraud Hönes
Gestaltung: Dragon Design, GB

Satz und Gestaltung:
Dragon Design, GB
Gesetzt aus der Sabon

Gesamtherstellung: Appel & Klinger, Schneckenlohe
Printed in Germany

ISBN 978-3-89060-625-5

Neue Erde GmbH
Cecilienstr. 29 · 66111 Saarbrücken · Deutschland · Planet Erde
www.neue-erde.de

Inhalt

Widmung

Für *Pachamama*, Mutter Erde und die *Apus*, ihre heiligen Berge, speziell die der Dolomiten und der Anden; für meine Schwestern und Brüder vom Dolomiten-*Ayllu*, Mit-Gründer/-innen der Wayna Fanes-Tradition und Wegbereiter/-innen der Verheißenen Zeit

Dank

Ich danke meinem menschlichen Lehrer Don Oscar Miro-Quesada dafür, daß er mich zu meinem Weg hingeführt hat, und auf der anderen Seite Don Benito Qoriwaman Vargas, der immer da war, um mich zu lehren, wenn ich ohne menschlichen Lehrer war, und der die Bleichen Berge so liebt wie ich. Und natürlich danke ich allen mythischen Wesen von Fanes, den sieben weisen Frauen, den *Apus* selbst und allen anderen, nicht namentlich genannten Verbündeten in der sichtbaren und unsichtbaren Welt.

Vorwort

Wie alles angefangen hat? – War es der sonderbar vertraute Geruch von Palo Santo, der mich empfing, als ich das erste Mal die Tür zu dem Raum öffnete, in dem Don Oscar seine *Mesa* ausgelegt hatte, seine Umarmung, der gegenseitige Blick in die Augen, der so viele Erinnerungen weckte? – Oder war es der Stein, den ich auf seine *Mesa* legen durfte, und der sich vor meinen Augen bewegte und meinen Skeptizismus zum Schweigen brachte? – Vielleicht war es die aus unergründlicher Tiefe kommende Musik von *Pachatusan Inkari*, die ich noch monatelang danach vor mich hin sang.

Oder hat es schon viel früher angefangen? – Als ich nach langer unerklärlicher Sehnsucht das erste Mal nach Fanes kam, allein eine Wand hinaufkletterte und beim Blick von oben mich in eine mythische Raum-Zeit versetzt fühlte? – Oder war es schon damals, als vor meinen Kinderaugen plötzlich die unwirklich senkrechten Nordwände der Drei Zinnen aus dem Boden herauswuchsen und mir ein Schauer den Rücken herunter lief, den ich nie mehr vergessen sollte?

Natürlich hat es nicht erst in diesem Leben angefangen! – So waren die möglichen Momente des Anfangs in diesem Leben Momente des Erinnerns, und auch des Zusammenknüpfens von zwei Fäden: Einer verbindet mich mit den Anden und einer mit den Dolomiten. Damit war der Rahmen abgesteckt für meine Aufgabe in diesem Leben.

Ich habe sie angenommen, trotz aller Hindernisse, und die Gruppe »Dolomiten-*Ayllu*« und die Wayna Fanes-Tradition auf die Welt gebracht. Ich habe die heiligen Berge der Dolomiten, statt wie vorher durch ihre Wände zu klettern, in der Weise zu ehren begonnen, wie es mich die peruanische Tradition gelehrt hatte und wie es hierzulande in Vergessenheit geraten war.

Die mythischen Wesen von Fanes zeigten sich und begannen mehr und mehr von ihren Geheimnissen preiszugeben. Schließlich luden sie mich dazu ein, ihre Geschichte neu zu erzählen, als die Geschichte von ihrer eigenen heilsamen Wandlung, die wiederum die individuelle wie die kollektive Seele von uns Menschen zu heilen vermag. Die hellblaue Flamme der Sehnsucht nach der *Rayeta*, dem unvergleichlich strahlenden Stein, war in meinem Herzen entfacht. Möge sie auch im Herzen aller Leser-/innen dieses Buches zu brennen beginnen!

Ein paar Worte zum Lesen dieses Buches: Im ersten Teil besteht jedes Kapitel aus zwei Teilen, wobei der erste im Stil einer persönlichen Erzählung gehalten ist und der zweite darüber reflektiert bzw. theoretische Überlegungen dazu einbringt. Es ist für einen ersten Lesedurchgang durchaus möglich, zunächst nur die Erzählung zu lesen, und dann in einem zweiten Durchgang beide Teile jedes Kapitels im Zusammenhang.

Auch wenn jedes Kapitel bestimmte Themenschwerpunkte setzt, handelt es sich nicht um eine lineare Abhandlung von Inhalten wie in einer wissenschaftlichen Publikation. Hingegen werden Themen und Motive immer wieder neu aufgegriffen und miteinander verwoben, wie es dem Geist der Andentradition und dem schamanischen Erbe von Fanes entspricht. Nichts ist einer schamanischen Tradition fremder als lineares Denken und einfache Kausalität. Ich gehe davon aus, daß diese Art des Umgangs mit Konzepten und Worten eine Bereicherung für das westliche Denken ist und seine Flexibilität fördert!

Teil 3 ist Nahrung und Medizin für die Seele, die dort ihren Durst nach mythischen Bildern und Welten stillen und eine lichtvolle Vision für Mutter Erde und ihre Kinder wachsen lassen kann. Nehmen Sie sich dafür in Ruhe Zeit und tauchen Sie tief ein ins Reich der Fanes!

Die hervorgehobenen Begriffe aus dem Quechua, dem Spanischen, dem Ladinischen und dem Deutschen werden im Glossar am Ende des Buches erklärt.

Teil 1

Aufbruch in ein erweitertes Da-Sein

1. Geist-reich und stein-reich

Langsam steige ich den steilen Pfad hinauf, der ins Herz meiner geliebten Heiligen Berge führt, zum ersten Mal in diesem Jahr. Seltsam scheint es, wieder Steine zu sehen nach den langen Monaten, in denen sie unter dem Schnee verborgen waren. Jeder kleine Stein ist etwas ganz Besonderes im Frühling, und alle sind sie von noch größerer Lebendigkeit als sonst. Auch sie betrachten mich fast erstaunt und begrüßen mich wie eine alte Bekannte. Die bin ich auch, gehe ich nicht diesen Weg viele Male in jedem Jahr und schenke stets den Steinwesen meine Aufmerksamkeit. Manche drängen sich auf und wollen von mir mitgenommen werden, um Teil eines Steinschreins, einer Apacheta, *zu werden, oder, wenn sie jene besondere Ausstrahlung eines Trägers von Medizin haben, ihren Platz auf meiner* Mesa, *meinem schamanischen Altar, zu finden. Wieder andere wollen nur betrachtet und kurz in der Hand gehalten werden und entscheiden sich dann doch, an ihrem gewohnten Platz zu bleiben.*

Unzählige Gesichter und Geschichten leben hier auf jedem Quadratmeter Erde. Das dürre braune Gras liegt noch von der Last des Schnees niedergedrückt auf dem Boden und erinnert mich an das nasse Fell eines Tieres. Doch schon schauen die ersten winzigen grünen Halme dazwischen heraus.

Pachamama, *Mutter Erde, und die* Apus, *ihre heiligen Berge, konzentrieren ihre Lebenskraft für die Intensität eines neuen Bergsommers. Es ist spürbar, wie alles Leben in kürzester Zeit erwacht und ohne Zögern mit aller Kraft zu wachsen beginnt. Mutter Natur macht keine Halbheiten – ist es das, was sie so heilsam und inspirierend macht für uns Menschen?*

Außer mir selbst ist kein Mensch zu sehen oder zu hören, und das aufgeregte Rauschen des vom Schneewasser angeschwollenen Baches übertönt sogar das Geräusch meiner eigenen Schritte. Obwohl ich noch vor einer halben Stunde auf der Fahrt hierher selbst Teil der lauten Welt von Autos, Baggern, Hubschraubern und piepsenden elektronischen Geräten war, gibt es jetzt für meine Ohren nur noch den Bach. Jetzt bin ich wie einst meine »primitiven« schamanischen Vorfahren unterwegs zu einem heiligen Ort, den ich ehren und nähren will. Ich bin eingetaucht in eine andere, viel größere Welt, in der alles lebt und von Bewußtsein vibriert, in der alles seinen Platz hat und zusammengehört, und in der alles sich gegenseitig wahrnimmt und miteinander »spricht«.

Wie könnte ich zu den heiligen Bergen gehen, ohne ihnen meine Gaben zu bringen? – Ich kann es mir gar nicht mehr vorstellen, mit leeren Händen vor ihnen zu stehen. Es ist mir über die Jahre so selbstverständlich und so sehr zum Bedürfnis geworden, als Pilgerin für die Erde unterwegs zu sein, daß ich bei Begegnungen mit Gipfelstürmern, Sonntagswanderern und Bergsportlern aller Art immer das Gefühl habe, daß ihnen etwas fehlen muß bei ihrer Begegnung mit dem Berg.

Ich kann mich noch gut an die Rastlosigkeit erinnern, die ich in mir verspürt habe, als ich noch eine von ihnen war. Da war immer das Gefühl, daß ich nach etwas suchte, das ich nicht finden konnte, auch wenn ich noch so viele Routen ging, noch so viele Abenteuer erlebte und herrliche Tage in eindrucksvollen Landschaften verbrachte.

Meine freudige Spannung wächst, als ich den Pfad verlasse und über die großen Felsblöcke steige, die mich noch von der Apacheta *trennen. Wie wird sie wohl den Winter überstanden haben? Dann kann ich sie endlich sehen: Auf den ersten Blick scheinen nur wenige Steine herausgefallen zu sein, und auch die wohlgeformte Spitze steht noch auf der Plattform. Erleichtert atme ich auf und begrüße sie, indem ich sanft zu ihr hin blase und so mit meinem Atem den Kontakt mit ihr herstelle. Nachdem ich meinen Rucksack abgestellt habe, lege ich Hand an, um die kleinen Schäden zu beheben. Sorgfältig baue ich die heruntergefallenen Steine wieder ein und auch einen neuen, den ich beim Aufstieg mitgenommen habe. Was für ein herrliches Gefühl, wieder sonnenwarme Steine in die Hand zu nehmen!*

Jetzt betrachte ich die Apacheta *noch einmal von allen Seiten. Sie ist ein wunderbares Kunstwerk aus unbehauenen Steinen, die ohne Mörtel zu einem organischen Ganzen zusammengefügt sind, in der Form eines Kegels. Der Großteil der Steine kommt aus ihrer unmittelbaren Umgebung, während andere von mir und anderen Mitgliedern meines* Ayllu *hier hergebracht worden sind, von anderen heiligen Bergen und oft vom Standort einer anderen* Apacheta.

In der Apacheta *begegnen sich all diese kraftvollen Orte, vertreten jeweils durch einen kleinen Stein. Sie ist nach dem langen Winter hungrig und durstig nach meinen Gaben und nach meiner Zeremonie, und so füttere ich sie reichlich mit Maismehl, Tabak, ein paar Süßigkeiten, frischen Blüten und einer selbstgemachten alkoholischen Blütenessenz. Schon lebt sie sichtlich auf und beginnt zu strahlen. Sie leuchtet um so mehr, nachdem ich sie in meiner Zeremonie mit Gesang und Gebeten geehrt und die anwesenden Kräfte der Natur in sie hineingeleitet habe.*

Ich spüre den Geist dieses Ortes, seine konzentrierte, schnell pulsierende Kraft und verschmelze für einen Augenblick vollkommen mit ihm. Es ist ein Moment von Ewigkeit, nicht ein entrückter Zustand, sondern im Gegenteil einer von viel umfassenderem Hier-Sein, in dem ich voll und ganz ein Teil der Natur, ja geradezu selbst eine ihrer Kräfte werde. Ihr feinstes Gewebe ist spürbar und durchdringt jede Faser von mir. Ein sanfter Windhauch kommt jedes Mal auf, wenn ich meinerseits sanft in die Apacheta *blase. Ich bin vollkommen aufgenommen in die Gemeinschaft der Wesen dieses Ortes, die mein Ritual als ihre eigene Sprache verstehen und darauf antworten.*

Noch einmal: Wie könnte ich je an diesem Ort vorbeigehen, ohne ihn zu ehren? Wie könnte ich jemals wieder, wie früher in meinem Leben, nur als Freizeitvergnügen in die Berge gehen oder nur für mein eigenes Wohl pilgern? Zu einem heiligen Ort hinzugehen, um ihm zu geben, um ihn zu stärken, ist tatsächlich ein viel größeres Geschenk für unsere eigene Seele, als nur hinzugehen, weil wir etwas für uns selbst wollen; denn wenn wir mit dieser inneren Haltung pilgern, nähren wir zugleich die

Anima Mundi, die Weltseele, und unsere eigene Seele durch ihrer Zugehörigkeit zu ihr. Diese Erfahrung des Gebens für ein größeres Ganzes ist auf tiefe Weise heilsam und erweiternd. Doch davon später mehr.

Steine sind in der westlichen Kultur geradezu der Inbegriff von »toter« Materie. Wir schätzen sie allenfalls als Baumaterial, als Dekoration, oder – im Falle von Edelsteinen – als Schmuck- und Prestigeobjekt. Ansonsten sprengen, baggern, planieren wir skrupellos, was viele indigene Kulturen als die Knochen der Mutter Erde betrachten. Steine als lebendig anzusehen, wird im allgemeinen als primitiver Animismus abgeurteilt, wenn man es nicht gerade mit den wenigen Anhängern der Tiefenökologie zu tun hat. Allerdings lassen sich heute viele Menschen davon überzeugen, daß es ihnen besser geht, wenn sie Kristalle und Halbedelsteine in ihrer Wohnung aufstellen, oder daß ihr Trinkwasser wertvoller ist, wenn sie Kristalle in den Wasserkrug legen. Unabhängig davon, ob das stimmt oder nicht: Die Frage, die uns hier interessiert, ist jene nach unserer Beziehung zu Steinen. Verändert sich diese ganz von selbst, sobald wir ihre Heilkraft erkennen und für unser Wohlbefinden einsetzen? Nehmen wir sie jetzt als lebendige Wesen wahr, so daß wir das Bedürfnis verspüren, ihnen etwas zurückzugeben für den Dienst, den sie uns tun, so wie man es in einer guten Beziehung mit einer anderen »Person« tun würde? Oder behandeln wir sie nach wie vor als Objekte, die uns nützlich sind, in diesem Fall eben für unsere Gesundheit? Meistens ist wohl eher das Letztere der Fall, und bei vielen Mitmenschen löst die Idee des Zurückgebens eher Befremden als Zustimmung aus.

Unsere Beziehung zu Steinen ist exemplarisch für unsere Beziehung zu Materie insgesamt, einschließlich unseres eigenen physischen Körpers. Das Wort »Materie« leitet sich vom lateinischen »Mater« (»Mutter«) ab, und hier ist die Wurzel des Problems zu finden. Die christliche Religion – oder vielmehr, wie sie in ihrer institutionalisierten Form verstanden und bis heute verbreitet wird – hat uns die spirituelle Dimension von Erde – Mutter – Materie mehr als gründlich ausgetrieben und damit die Grundlage für das Entstehen der heutigen stein-verachtenden Kultur geschaffen.

Eine göttliche Mutter Erde gibt es nicht mehr, nur den einen himmlischen Vater. Die Menschen haben natürlich nie aufgehört, nach der verlorenen Muttergottheit zu suchen, wovon die Marienverehrung unter Katholiken zeugt. Aber Maria hat zumindest offiziell nichts mehr mit ihrer erdhaften Vorgängerin zu tun.

Als wir zu dieser Weltsicht bekehrt worden sind, haben wir aufgehört, Geist und Materie als ein Bewußtseins-Kontinuum anzusehen, in dem Materie eine dichtere Form von Geist darstellt und Geist eine feinere Form von Materie. Damit haben wir einen unüberbrückbaren Gegensatz zwischen beiden Bereichen geschaffen, die eigentlich untrennbar miteinander verbunden sind, wobei reinster Geist und dichteste Materie nur die äußersten Punkte auf diesem Kontinuum sind. Jetzt sind Geist und Materie von grundsätzlich verschiedener Natur, und das heißt vor allem auch, von unterschiedlichem *Wert*.

Die entscheidende und fatale Folge davon ist, daß die Erde, die einst die göttliche Mutter aller Materie war, ihre Heiligkeit verloren hat. Jetzt ist Geist heilig und Materie profan. Leben spenden kann nur, was göttlich ist, also der Geist. Folglich kann nur lebendig sein, was einen vom Geist belebten materiellen Körper hat, aber Materie ist nicht mehr *per se* von Geist durchdrungen und daher lebendig, oder, besser gesagt, selbst geistiger Natur. Entsprechend gibt es jetzt auch »tote Materie«, die nicht vom Geist belebt ist und daher auch nicht heilig sein kann, wie zum Beispiel Steine. Diese Materie ist nur dafür da, um von uns benutzt zu werden.

Die Kluft zwischen Geist und Materie ist heute so groß geworden, daß zum einen eine materialistische Kultur entstanden ist und zum anderen eine Tendenz zu einer spirituellen Suche, die von einer Flucht vor dem Materiellen, hin ins rein Geistige, gekennzeichnet ist.

Nachdem also Mater = Mutter nicht mehr heilig ist, verwundert es nicht, daß es – scheinbar paradoxerweise – kennzeichnend für eine materialistische Kultur wie die unsere ist, achtlos, respektlos und lieblos mit »Mutter« Materie umzugehen. Daher sind wir eine Wegwerf-Gesellschaft geworden, die sich kaum mehr vor ihrem eigenen Müll retten kann.

Unser sogenanntes Umweltproblem ist an der Wurzel ein Problem unserer gestörten Beziehung zur Mutter Erde. Wir sind nicht mehr imstande, sie als lebendiges Wesen von großer Heiligkeit wahrzunehmen und dementsprechend mit gebührendem Respekt zu behandeln. So gesehen, liegt das eigentliche Problem auf der spirituellen Ebene des Bewußtseins, und all die anderen Probleme auf anderen Ebenen sind nur die Folge davon.

Damit läßt sich das Problem auch nicht mit politischen Maßnahmen, Gesetzen, Strafen, Aufklärungskampagnen, Katastrophenprophezeiungen oder der Veröffentlichung von wissenschaftlichen Fakten beseitigen. Bevor wir nicht erkennen und, vor allem, tief erfahren können, daß Materie ebenso heilig ist wie Geist, da beide grundsätzlich von derselben Natur sind, werden wir keinen umfassenderen Bewußtseinszustand erreichen, und daher auch nicht in der Lage sein, die gegenwärtige Krise zu überwinden, die eben eine Bewußtseinskrise ist.

Die sogenannte primitive animistische Weltsicht, in der alles belebt und beseelt ist und daher eine Form von Bewußtsein hat, findet überraschenderweise Unterstützung von Seiten einer geheiligten Institution unserer materialistischen Kultur, nämlich der streng rational denkenden Naturwissenschaft. Und damit meine ich nicht nur einzelne wissenschaftliche Außenseiter, wie Rupert Sheldrake oder James Lovelock, auf den die sogenannte Gaia-Hypothese zurückgeht, die besagt, daß die Erde ein sich selbst regulierender lebendiger Organismus ist.

Es sind die Spitzenvertreter der modernen Physik, die immer mehr Hinweise darauf finden, daß Materie alles andere als tot ist, sondern sich als ein Beziehungsgefüge aus bewegten Elementarteilchen enthüllt, die sich auf die schamanische Kunst des Gestaltwandels verstehen, auch als Wellen erscheinen oder sich unsichtbar machen können. Die jeweils neu entdeckten »Geistwesen« werden dann auf die abenteuerlichsten, mythisch klingenden Namen getauft und sind damit »materielle Realität« geworden.

Durch diese wissenschaftlichen Erkenntnisse sollte eigentlich unsere wahrhaft primitive Weltsicht, nach der nur existiert, was für uns sichtbar, das heißt materiell (im Gegensatz zu geistig) ist, erheblich erschüttert werden. Um so mehr, wenn uns mitgeteilt wird, daß es im Universum auch noch »dunkle Materie« gibt, und zwar viel mehr als »helle«, d. h. sichtbare Materie. Und der »leere« Weltraum scheint nun eher so etwas wie extrem verdünnte Materie zu sein. Wo kann hier noch die angebliche Trennlinie zwischen Geist und Materie gezogen werden?

So ist also die Existenz einer vielgestaltigen unsichtbaren Welt in einem Kontinuum von Geist und Materie, die uns genauso ausgeredet wurde wie die Lebendigkeit von Steinen, mittlerweile ein wissenschaftliches Faktum. Erkenntnisweg und Metaphern der Naturwissenschaft sind anders als in traditionellen schamanischer Kulturen, doch die Schlußfolgerung ist die gleiche.

Was uns ebenso abhanden gekommen ist, wie das Wissen um die Wesen der unsichtbaren Welt, ist die Seele. Die Welt der Seele ist die Welt der Mythen und der Imagination, und sie ist in jenem Zwischenbereich zwischen reinem Geist und dichter Materie zu Hause. Es ist schwierig, wenn nicht unmöglich für uns geworden, in einem Stein ein lebendiges, mythisches Wesen zu sehen, weil das, was für die Seele erfahrbare Realität ist, in unserem rationalen, auf das Sichtbare – das heißt das Materielle – beschränkten Weltbild keine Gültigkeit hat. Entsprechend ist unsere Fähigkeit, mit den Augen der Seele zu sehen, stark verkümmert, und wird oft schon in der Kindheit im Keim erstickt.

Was also könnte der Wert einer spirituellen Praxis sein, die eine neue Stein-Zeit einleitet? Steine als eine dichte Form von Geist und als die ältesten Wesen auf unserer Mutter Erde anzuerkennen, die ihrerseits uns wahrnehmen, genauso wie wir sie wahrnehmen, lehrt uns einen tief respektvollen Umgang mit Materie und führt uns so wieder hin zu ihrer verlorenen Heiligkeit. Damit überwinden wir die Spaltung unseres Weltbildes und finden zu einer neuen Lebensweise, mit der wir bewußt sowohl die Erde als auch den Himmel ehren.

Eine spirituelle Praxis hingegen, die nur den »reinen« Geist in den Mittelpunkt stellt, wird uns nicht dabei helfen, Mater, Mutter Erde aufs Neue in unseren spirituellen Kosmos aufzunehmen. In der Tat dient eine solche Spiritualität oft nur dazu, eine ehrliche Auseinandersetzung mit der materiellen Welt, einschließlich unseres physischen Körpers, zu vermeiden, und auch der ambivalenten, nicht gar so reinen Welt der Seele aus dem Weg zu gehen. Nur wenn wir unseren spirituellen Kosmos wieder vervollständigen, können wir auch den Zugang zur Seele als vermittelnde Instanz im Materie-Geist-Kontinuum wiederfinden.

Was gibt es Seelenvolleres, als Steine zu heiligen Orten zu tragen, für sie als kostbare Träger von Geist-Medizin zu sorgen, mit ihnen zu sprechen, sie zu besingen und zu füttern? Es führt uns hin zu *Pachamama*, Mutter Erde selbst, der heiligen Spenderin unseres eigenen Körpers. So viele von uns leiden an einem Mangel an erfahrener Mutterliebe und wissen nicht, daß ihre eigentliche Mutter immer und überall für sie da ist und jederzeit diesen Hunger stillen kann. Wenn wir sie als unsere wahre Mutter anerkennen und aus diesem tief empfundenen Verständnis heraus unsere Beziehung mit ihr pflegen, dann gibt sie uns aus ihrer unerschöpflichen Fülle.

Wir müssen allerdings den ersten Schritt dazu tun, indem wir sie großzügig beschenken und dadurch unser Herz für ihre Liebe öffnen. Wenn wir in dieser Weise mit ihren Stein-Wesen umgehen, wird unsere Seele erwachen, die sich danach sehnt, dem mythischen Wesen, das die Gestalt eines Steines angenommen hat, zu begegnen. Die Seele weiß um die Existenz von unsichtbaren Wesen und geheimnisvollen Kräften, die ihren physischen Ausdruck im Stein finden. Für die Seele ist die mythische Weltsicht nicht weniger wahr ist als die wissenschaftliche, sondern wahr auf eine andere Weise; sie ist eben Seelen-Wirklichkeit.

Wohlgemerkt, der rationale Verstand ist nicht schlecht oder falsch. Er ist in der Tat eine großartige Errungenschaft in der Entwicklung unseres Bewußtseins und überaus nützlich in der materiellen Welt, sofern er bereit ist, deren Heiligkeit anzuerkennen. Wenn er uns jedoch ausschließlich beherrscht, versperrt er uns den Zugang zu anderen Welten und ist dadurch zerstörerisch für die Seele, die ihrer Natur gemäß in mehreren Welten zu Hause ist.

Es führt kein Weg zurück in ein nur-mythisches Bewußtsein, dem das Rationale fremd ist. Die Kluft zwischen beiden zu überbrücken ist die große Herausforderung für das menschliche Bewußtsein, der wir uns in dieser Zeit stellen müssen, wollen wir den Weg hin zu einer lebenswerten Zukunft – oder überhaupt einer Zukunft – für uns auf diesem Planeten bereiten. Dabei geht es, um eine »materielle« Metapher zu verwenden, nicht darum, die beiden Teile eines in zwei Hälften zerbrochenen kostbaren Edelsteins zusammenzuleimen, so daß er wieder ausschaut wie der alte, sondern darum, diese Teile zu einem neuen, umgewandelten und noch viel schöneren verschmelzen zu lassen.

Worum es also geht, ist ein erweitertes Bewußtsein, das beides, das Mythische wie das Rationale, einschließt, miteinander versöhnt und dadurch eine neue Ebene erreicht. In einem solchen Bewußtseinszustand haben wir Zugang zur mythischen Welt der Seele genauso wie zum rationalen Denken und können uns mühelos dem inspirierenden Einfluß des Geistes öffnen, aus dem beide geboren sind.

Die neue Stein-Zeit, für die ich hier eine Lanze breche, ist daher kein Schritt zurück, sondern einer nach vorne, eine Integration des Mythischen mit dem Rationalen auf einer höher bewußten Ebene.

Der Eintritt in sie ist eine Erweiterung und Bereicherung unseres Da-Seins auf allen Ebenen durch eine grundlegende Erneuerung unserer Beziehung mit *Pachamama*, Mutter Erde, und dadurch auch mit *Wiraqocha*, Schöpfer(in) des lebendigen Universums.

2. Das Gewebe der Welt

Nach meiner Zeremonie an der Apacheta *bleibe ich noch ein wenig sitzen. Ein kleiner Stein zieht meine Aufmerksamkeit auf sich. Er ist annähernd herzförmig und geradezu blendend weiß, noch heller als die anderen Dolomitsteine um ihn herum. Der Kontakt zwischen uns ist hergestellt, und ich signalisiere dem kleinen Stein-Wesen, daß ich es näher kennenlernen möchte. Es fordert mich auf, es aufzuheben und in meiner Hand zu halten, damit ich es genauer betrachten und spüren kann. Ich habe den kleinen herzförmigen Stein schnell ins Herz geschlossen und spüre jene Kraft in ihm, die einen Stein von besonderer Medizin auszeichnet. Er könnte eine* Khuya *für meine* Mesa, *meinen schamanischen »Altar« sein. Das Quechua-Wort »Khuya« bedeutet so viel wie »etwas, wofür man sorgt«. Der Stein ist einverstanden, von mir mitgenommen zu werden.*

Voller Freude und Dankbarkeit für dieses kostbare Geschenk im Herzen mache ich mich auf den Rückweg. Das Licht auf den Felswänden hat sich in der Zwischenzeit verändert, so daß sie mir neue Figuren und Gesichter zeigen. Jede Tages- und Nachtzeit und jede Jahreszeit enthüllt andere Facetten der lebendigen Landschaft, rückt andere Aspekte von ihr in den Vordergrund. Obwohl ich diesen Weg unzählige Male gegangen bin, entdecke ich jedes Mal wieder neue Gestalten in dieser Gemeinschaft von sichtbaren und unsichtbaren Wesen, die wir eine Landschaft nennen.

Mit meinem kleinen herzförmigen Stein nehme ich eines der Wesen aus dieser Gemeinschaft hier am Fuße meines heiligen Berges mit, jedoch, ohne es von seiner Gemeinschaft trennen zu wollen, sondern um es zusätzlich in eine andere Gemeinschaft von Wesen einzufügen, die ich meine Mesa *nenne. Von dort aus hält es die Verbindung zu seiner ursprünglichen Gemeinschaft aufrecht, zur Landschaft seiner Herkunft, und bringt so deren Kraft in meine* Mesa.

Zuhause angekommen, statte ich als erstes meiner Mesa *einen Besuch ab. Sie füllt fast einen ganzen Raum und besteht aus Steinen, Muscheln, Federn und auch einigen von Menschenhand bearbeiteten Stücken, die auf kunstvoll gewebten Tüchern aus den peruanischen Anden ausgelegt sind und sich zu einem organischen Ganzen verbinden. Ich weiß noch nicht, wo der kleine herzförmige Stein seinen Platz auf ihr finden wird, doch bin ich mir nunmehr sicher, daß er einen auf ihr haben wird, daß er tatsächlich eine* Khuya *ist. Vorläufig wickle ich ihn in ein Stück Stoff ein, um ihm noch ein wenig Zeit zum Ankommen in seiner neuen Umgebung zu geben, und lege ihn noch außerhalb des* Mesatuchs, *aber an es angrenzend, auf den Boden.*

Ich kann den Raum nicht so schnell wieder verlassen. Einzelne Mitglieder dieser Gemeinschaft von Wesen möchten einen Moment Aufmerksamkeit von mir, und auch die Mesa *als Ganzes. Sie selbst ist wiederum ein eigenständiger Organismus, in dem unsichtbare Kräfte zusammenspielen und der sich in einem spezifischen, sinnerfüllten und ästhetischen Muster verkörpert, das sie ungemein anziehend macht. In* diesem Mikrokosmos von Kräften der Natur und des Universums, in dieser harmonischen Ordnung von großer Schönheit und fein ausbalancierten Beziehungen begegnen sich der große Kosmos, dem ich selbst natürlich angehöre, und mein eigener innerer Kosmos.

Man könnte auch sagen, daß in der Mesa meine eigene Seele, all die verschiedenen Aspekte der Weltseele, zu denen jede einzelne Khuya den Zugang vermittelt, und die Weltseele als Ganze ein besonderes Bündnis eingehen. Das Gewebe der Welt gibt sich als ein kunstvolles Gebilde von Gemeinschaften lebendiger Wesen zu erkennen, die in feinsten Mustern miteinander verwoben sind, wobei sich einzelne Gemeinschaften von kleineren oder subtileren Wesen wiederum zu größeren zusammenschließen, vielfach ineinander verschachtelt und sich überlappend.

Als ich ein wenig später zurückkomme und die Mesa zeremoniell aktiviere und damit wieder neu ins Leben singe, wird das Konzert der Kräfte, die in ihr zusammenwirken, deutlicher hörbar, spürbar und sichtbar für mich. Dennoch sind die Sinne hier nur Dolmetscher für eine Sprache, die einem Bereich jenseits von ihnen angehört.

Unzählige Geschichten sind in die Mesa eingebettet. Da ist einmal die Geschichte jedes einzelnen Medizin-Stückes auf ihr, jedes einzelnen Wesens, die lange vor unserer Begegnung begonnen hat. Doch sie erzählt auch die Geschichte meiner eigenen, unmittelbaren Erfahrungen mit den Kräften der Natur, die in ihr gespeichert sind, was soviel heißt wie die Geschichte all der Wege, die ich als Pilgerin für die Erde gegangen bin und auf denen ich meine Medizin gesammelt habe.

Viele dieser Wege sind aufs Engste verknüpft mit dem Mythos von Fanes, so wie er sich mir an seinen Schauplätzen in der Landschaft und an der Mesa enthüllt hat, und die mythischen Wesen von Fanes sind allesamt auf meiner Mesa zu Hause. Schließlich enthält sie auch die Geschichte und die Erfahrung einer Jahrtausende alten Tradition von Medizinfrauen und -männern aus den Anden, von denen kostbare Medizinstücke an mich weitergegeben worden sind und deren Kosmovision im Muster meiner Mesa ihren Ausdruck findet, in meiner Gemeinschaft von Wesen.

Das Beziehungsgewebe zwischen den Khuyas macht die kosmische Ordnung aus, und so muß ich eine aufmerksame Beobachterin beziehungsweise Zuhörerin sein, um dieses in ein Gleichgewicht zu bringen beziehungsweise es zu erhalten oder zu erneuern. Es handelt sich dabei um einen Zustand von dynamischer Stabilität, der immer einen Spielraum für Veränderung läßt.

Das Universum ist nicht statisch, sondern ständig im Fluß, und es ist das Wesen schamanischer Arbeit, Veränderung hin zu einem beweglich-stabilen Gleichgewicht höherer Ordnung zu bewirken. Das ist jedenfalls meine Auffassung von schamanischer Heilung, sei es für einzelne Menschen oder die ganze Welt. Die peruanische Tradition spricht vom »pukllay kawsay«, dem Spiel des Lebens, in das sich Curanderas und Curanderos, Paqos und wie sie sonst noch genannt werden, als konstruktive Mitspieler einschalten. Ihre vorrangige Aufgabe ist es immer schon gewesen, die heilige Beziehung zwischen menschlichen und nichtmenschlichen Bereichen in Ordnung zu halten, das heißt, Hüter des Heiligen zu sein, und erst in zweiter Linie, einzelne Menschen zu heilen.

Meine eigene Beziehung zur Mesa *ist nicht zu trennen von den Beziehungen innerhalb von ihr. Nur wenn ich dem ethischen Prinzip der Andentradition folge, das* Ayni *heißt, heilige Wechselseitigkeit, kann meine* Mesa *ihre heilsame Wirkung entfalten. Ich muß sie nähren, damit sie ihre Arbeit leisten kann. So füttere ich sie mit Blütenessenz, Räucherwerk, meiner liebevollen Zuwendung und meinem Gesang, bevor ich sie dazu auffordere, ihren vereinbarten Dienst zu tun. Wir haben ein Bündnis miteinander, zu Diensten zu sein für* Pachamama *und ihre Kinder. Nichts anderes könnte den Umgang mit diesen Kräften rechtfertigen, nichts anderes wäre in* Ayni.

Für einen Augenblick verliere ich mich in Gedanken über Ayni *als Gleichgewicht von Geben und Nehmen im Sinne von »heute für mich, morgen für dich«. Ist es nicht eigenartig, daß so vielem, was heute in der westlichen Welt unter dem Begriff Schamanismus angeboten wird, genau dieses Verständnis vom schamanischen Weg als einem Weg des Dienens auf der Grundlage von heiliger Wechselseitigkeit weitgehend abhanden gekommen zu sein scheint? – Statt dessen begegnet mir allzu häufig die Idee vom Universum als einem Supermarkt, in dem man sich gratis bedienen kann – und zwar in erster Linie für sich selbst. Die Pflege einer tiefen Beziehung des wechselseitigen Austausches mit der Natur, der einige Mühe erfordert, erscheint dann natürlich überflüssig, und oft werden meine* Ayllu-*Mitglieder sogar als altmodisch belächelt, weil sie diesen Austausch für notwendig halten und den entsprechenden, auch physischen, Einsatz aufbringen.*

Kranken wir aber nicht genau daran, ist es nicht gerade diese Einstellung, die unsere Beziehung zur Erde so empfindlich stört? – Insofern, so wird mir klar, sind diese verqueren Vorstellungen von schamanischem Tun ganz und gar ein Spiegelbild unserer Kultur, die im wesentlichen nur nehmen will, aber nicht geben, und somit keinesfalls ein Weg aus der gegenwärtigen Bewußtseins-Krise heraus.

Als ich wieder aus meinen Gedanken auftauche, füttere ich meine Mesa *noch bewußter als sonst und nehme freudig wahr, wie sie zu ihrer vollen Lebendigkeit erwacht.*

Nachdem ich einige Zeit still an ihr gesessen und tief in Kontakt mit ihr getreten bin, wickle ich den kleinen herzförmigen Stein aus und halte ihn mit geschlossenen Augen in meiner Hand. Ich bitte ihn, mir deutlicher zu sagen, wer er ist und was seine Aufgabe auf der Mesa *sein wird. Eine Zeit lang halte ich ihn auch an mein Herz, was schon seine Form mir nahelegt. Dabei taucht die Frage auf, warum mir der heilige Berg einen Herzstein anvertraut. Brauche ich selbst Herzensmedizin, oder braucht meine* Mesa *mehr davon für all die verletzten Herzen, die Hilfe bei ihr suchen? Natürlich könnte diese Medizin auch vorwiegend für das Herz von* Pachamama *selbst gedacht sein. Vielleicht will auch der* Apu, *der heilige Berg, seine Herzensbeziehung mit mir bekräftigen, um mir neue Kraft für meine Arbeit zu geben.*

All diese Fragen stelle ich im Stillen, während ich den Stein halte. Obwohl ich spüre, daß er noch lange nicht alles offenbart hat, was in ihm steckt, zeichnet sich dennoch sein Platz in der Gemeinschaft meiner Mesa-*Bewohner recht deutlich ab.*

Als ich langsam die Augen öffne und die Mesa *mit meinem Blick abtaste, drängt sich sogleich eine bestimmte Stelle als die richtige auf. Nachdem ich dem Stein noch von meiner Blütenessenz zu trinken gegeben habe, verschiebe ich vorsichtig einen anderen, um Platz für ihn zu machen.*

Jetzt nehme ich das veränderte Bild der Mesa *in mich auf, mit offenen und auch mit geschlossenen Augen, und versuche zu erspüren, ob sie ein neues Gleichgewicht gefunden hat. Kaum zu glauben, daß ein einziger kleiner Stein unter so vielen einen so großen Unterschied machen kann!*

Dieser Unterschied fühlt sich gut an, er ist eindeutig eine Bereicherung, und die Kräfte auf der Mesa *sind erstaunlicherweise nach wie vor gut im Gleichgewicht, vielleicht sogar besser als vorher. Ich muß nicht einmal an einer anderen Stelle die Plätze von* Khuyas *vertauschen oder noch größere Veränderungen vornehmen, wie es manchmal der Fall ist, wenn ein neuer Mitbewohner einzieht. Von nun an bin ich für das Wohlergehen eines weiteren Stein-Wesens verantwortlich, für eine neue* Khuya, *die im Gegenzug das Kräftespektrum auf meiner* Mesa *um eine weitere Nuance erweitert. Bald werde ich wohl genauer verstehen, um welche spezifische Kraft im Gewebe der Welt es sich dabei handelt.*

Charakteristisch für unsere westliche Denkweise ist ein Hang zur getrennten Betrachtung von einzelnen Elementen, von denen wir annehmen, daß sie als isolierte Einheiten aufgefaßt und entsprechend unabhängig voneinander betrachtet und verstanden werden können. Auch wenn »Vernetzung« und »vernetztes Denken« zu Modebegriffen geworden sind, ist in den meisten Bereichen nach wie vor nicht viel davon zu spüren. Außerdem ist Vernetzung zwischen verschiedenen Ebenen von Existenz, das heißt zwischen der physischen, emotionalen, mentalen und geistigen, noch einmal weitaus schwieriger zu verstehen als Vernetzung innerhalb einer Ebene.

Noch immer ist unsere Auffassung von uns selbst im wesentlichen von der Idee eines Wesens geprägt, das durch sichtbare äußere Grenzen eindeutig von der Umgebung abgetrennt ist. Was unsere unsichtbaren Bande mit der Welt außerhalb unserer physischen Haut betrifft, lassen wir uns wieder einmal von unserer Überzeugung betrügen, daß nur existiert, was sichtbar ist.

Diese Überzeugung ist jedoch keineswegs tief in unserer Seele verwurzelt, ganz im Gegenteil. Als Kinder *wußten* wir alle, daß es noch eine Dimension jenseits der sichtbaren gibt, und haben oft tiefe Erfahrungen mit ihr gemacht. Aber diese Fähigkeit, hinter den Schleier zu schauen, ist uns gründlich ausgetrieben worden. Wenn wir als halbwegs normal gelten wollen, leugnen wir besser die Existenz einer unsichtbaren Welt oder behalten wenigstens unsere, meist mit Zweifeln besetzten Erfahrungen mit ihr für uns.

So verstehen wir uns als körperliche Wesen, die mit der Oberfläche ihrer Haut enden und von Luft, das heißt von Nichts, umgeben sind, obwohl wir natürlich wissen, daß diese voll von Schadstoffen und Krankheitserregern (schädlichen unsichtbaren Wesen) sein kann, genau wie auch unsere Nahrung, über die das Äußere nach innen gelangt. Dieses Verständnis von unserem körperlichen Selbst prägt natürlich unsere

Einstellung zu Krankheit, Gesundheit und Heilung. Heilungsbemühungen konzentrieren sich meist darauf, einzelne Krankheitssymptome zu beseitigen beziehungsweise einzelne Körperteile zu behandeln, und das betrifft beileibe nicht nur die westliche Schulmedizin, sondern ist auch im sogenannten alternativmedizinischen Bereich weit verbreitet.

Selbst wenn der Blick über die Symptome aufweisenden Teile unseres Körpers hinausreicht, bleibt die Körperstruktur, d. h. der sichtbare oder mit technischer Hilfe sichtbar gemachte Zustand seiner materiellen Bestandteile im Mittelpunkt des Interesses, während unser Verständnis von seiner Funktion, d. h. von seinem Beziehungsgefüge, nicht sehr weit fortgeschritten ist. Vielleicht liegt es genau daran, daß es hier um nicht ganz erfaßbare unsichtbare Kräfte geht, die das Zusammenspiel innerhalb unseres Körpers steuern?

In diesem Zusammenhang fällt auf, daß nicht behandelbare Beschwerden meist als »funktionelle« Störungen klassifiziert werden, was meistens impliziert, daß ihre Ursache unklar ist oder gar, daß es sich hier nur um »eingebildete« Krankheiten handelt.

Noch nicht einmal innerhalb unseres physischen Körpers sind wir also in der Lage, die Komplexität der Zusammenhänge in unseren Heilungsbemühungen zu berücksichtigen, geschweige denn Zusammenhänge, die über unsere wahrnehmbaren Körpergrenzen hinaus in nicht-physische Ebenen unseres Seins hineinreichen, das heißt in Ebenen, auf denen wir uns selbst nicht mehr getrennt von der Gesamtheit unserer Beziehungen in einem lebendigen Kosmos betrachten können. Von einem so weitreichenden Verständnis unserer selbst sind die meisten von uns noch weit entfernt.

Bereits die Existenz von sogenannten psychischen Faktoren für das Entstehen von Krankheiten stellt nach wie vor eine Herausforderung für die Denkweise der westlichen Medizin dar. Wenn solche Faktoren in Betracht gezogen werden, dann ergeben sie innerhalb des medizinischen Modells eigentlich nur einen Sinn als physische Vorgänge in unserem Gehirn, durch die bestimmte Moleküle oder elektrische Impulse produziert werden. Wie sie das tun, ist allerdings unklar.

Generell bevorzugen wir eindimensionale, lineare Erklärungsmodelle, die unser Bedürfnis danach befriedigen, die Welt zu verstehen und sie unter Kontrolle zu haben. Ganz gleich, welche Faktoren wir als Krankheitsursache annehmen: Ein bestimmter Faktor sollte idealerweise immer das gleiche Krankheitsbild hervorrufen, und nur er allein; andere Ursachen sollten ausgeschlossen sein.

Davon sind auch Hobby-Psychosomatiker und Theoretiker wie Praktizierende alternativer medizinischer Systeme nicht ausgeschlossen. Viele von ihnen glauben zu wissen, daß eine bestimmte Art zu denken oder eine bestimmte Art von Erfahrung, die jemand in (diesem) Leben gemacht hat, unweigerlich und eindeutig zu bestimmten Krankheiten führt. Dabei gehen sie von einer eindeutigen Punkt-zu-Punkt-Verbindung von Ursache und Wirkung aus, die fast schon als ein kosmisches Gesetz gilt. Das gleiche gilt aber auch für Theorien über den Einfluß karmischer Faktoren, das heißt Ursache-Wirkungs-Zusammenhängen, die auf frühere Inkarnationen der Seele zurückgehen.

Daß hingegen ein multifaktorielles, äußerst komplexes Geschehen vorliegen könnte, wird selten in Betracht gezogen, und daß dabei auch Ursachen im nicht-menschlichen Beziehungsgefüge der betroffenen Person eine Rolle spielen könnten, ist im allgemeinen gänzlich undenkbar.

Auch in der Psychologie, die sich ohnehin mit dem unbequemen, weil nicht ohne weiteres objektivierbaren Konzept der Seele schwertut, obwohl sie per Definition die Wissenschaft von der Seele sein sollte, reicht der Blick nicht über den menschlichen Bereich hinaus. Ist schon die Vorstellung von einer kollektiven menschlichen Seele schwierig, dann ist die von Platos Weltseele, die den gesamten lebendigen Kosmos umfaßt, eindeutig eine Überforderung.

In der Psychotherapie gibt es seit einiger Zeit einen Trend hin zu sogenannten systemischen Therapieformen, meist Familientherapien. Doch auch sie beschränken ihre Sicht auf den nur-zwischenmenschlichen Bereich. Unser *Ayni*, unsere wechselseitigen Beziehungen mit den anderen sichtbaren und unsichtbaren Wesen der Natur und des Kosmos, werden nicht als mögliche Faktoren beim Entstehen von Leiden und Krankheit herangezogen. »Sich abgrenzen können« ist nicht umsonst fester Bestandteil des heutigen Psycho-Jargons. Darum geht es uns und nicht darum, den Fluß von *Ayni*, wechselseitigem Austausch, im Gewebe der Welt zu regulieren.

Anders ausgedrückt, sind wir nicht in der Lage, die individuelle Seele als untrennbar und aufs Tiefste verwoben mit der Weltseele zu begreifen, von der sie zugleich ein holographisches, mikrokosmisches Abbild ist. Das Gefühl von Verbundenheit mit allem, die Zugehörigkeit zu einem beseelten Ganzen, ist es, was uns abhanden gekommen ist und woran wir als Kinder von *Pachamama* genauso viel leiden wie sie selbst.

In der Tradition des Andenhochlandes wird jegliche Krankheit, jegliches Leiden der individuellen Seele und jeglicher soziale Mißstand als Folge von gestörtem *Ayni* angesehen. Vielleicht ist ein heiliger Ort nicht in angemessener Weise geehrt worden, möglicherweise von der betroffenen Person selbst, von einem noch lebenden oder schon längst verstorbenen Vorfahren, oder von der ganzen *Ayllu*-Gemeinschaft, der die Person angehört. Vielleicht hat das ganze *Ayllu* ein kollektives Ritual der Wechselseitigkeit vernachlässigt oder zu viel von der Erde genommen, anstatt einen Teil der Ernte für die unsichtbaren Wesen zurückzulassen.

Dadurch kann ein Mensch genügend geschwächt sein, daß nicht freundlich gesinnte Geistwesen in Form von Krankheiten in ihn eindringen können (man denke nur an Infektionskrankheiten, aber auch an psychische Störungen, speziell Psychosen).

Störungen im Fluß von *Ayni* können aber auch größere Kollektive betreffen, z. B. den ganzen Stamm, den ganzen Staat oder gar die ganze Menschheit. Entsprechend wäre dann zu erwarten, daß bestimmte Krankheiten überhandnehmen beziehungsweise größere soziale Unruhen oder Naturkatastrophen auftreten werden.

Ayni ist das ordnende Prinzip im Kosmos, und wenn es gestört ist, herrscht Unordnung bis hin zum Chaos, das gefährlich für die ganze Welt werden kann. Denn *Ayni* ist es, was das kosmische Gewebe zusammen und in Bewegung hält.

Neben dem Verlust von Seelenanteilen durch Erschrecken* und bewußte Manipulationen von *Ayni* zum Schaden einer Person oder einer Gemeinschaft (der sogenannten »schwarzen Magie«), ist versäumtes Geben in dem komplizierten Gefüge des Austausches zwischen allen Wesen die Hauptursache von un-heilvollen Zuständen. Schließlich erhalten wir ständig Lebenskraft von den anderen Wesen der Natur, also müssen wir ihnen auch etwas dafür zurückgeben.

Entsprechend müssen, um wirkliche Heilung zu erreichen, Gaben in Form eines *Despacho* zubereitet werden, wobei die Zutaten genauestens auf die Art der vorliegenden *Ayni*-Schulden abgestimmt werden. Mit der richtigen Intention versehen, die durch Gebete der unsichtbaren Welt mitgeteilt wird, ordnen Heilerinnen und Heiler diese Zutaten, im allgemeinen auf einem Blatt Papier, in spezifischen Mustern an. Diese Gabe, die als Nahrung für die unsichtbaren Wesen meistens dem Feuer, aber manchmal auch den anderen natürlichen Elementen übergeben wird, schafft die Voraussetzungen, unter denen die Behandlung von Krankheitssymptomen, beispielsweise mit Kräutermedizinen, überhaupt sinnvoll sein kann.

Natürlich könnten wir ins Feld führen, daß unsere Krankheiten ja tatsächlich oft mit der Einnahme eines Medikaments verschwinden. Aber wissen wir, welche Folgen die Nicht-Beseitigung der tieferen Krankheitsursachen für uns oder andere Wesen, menschliche wie nicht-menschliche, haben wird? – Somit greift unser Verständnis von Heilung viel zu kurz.

Nach dem Verständnis von Heilung in der Andentradition kann es jedoch umgekehrt eine Heilung der Seele auch in Situationen geben, in denen der physische Körper sich nicht mehr erholen kann. Bestimmte Krankheiten können deswegen nicht geheilt werden, weil erst das Durchleben der Krankheit eine tiefgreifende Wandlung in der Seele möglich macht. Dann müssen *Paqos* oder *Curanderas/Curanderos* der Seele helfen, diese Transformation zu vollziehen. Nur selten wird es in diesem Fall möglich sein, ein Genesen des Körpers mit der unsichtbaren Welt auszuhandeln und auch nur dann, wenn die Seele einen Weg findet, sich auch ohne das Mittel der Krankheit zu transformieren.

Unabhängig davon, ob der physische Körper überlebt oder nicht, ist die Arbeit für die Heilung der Seele der betroffenen Person der größte Dienst, der ihr und der Weltseele getan werden kann. Auch hier geht es darum, *Ayni* wiederherzustellen, das im Falle einer derartigen Krankheit schwer gestört sein muß. Würde es jedoch, zum Beispiel mit Hilfe der westlichen Medizin, gelingen, die körperliche Krankheit zu beseitigen, ohne jedoch der Seele zu der von ihr angestrebten Wandlung zu verhelfen, könnte das schwerwiegende Folgen für sie haben, die sich noch in diesem oder in den

* Das Konzept des Seelenverlustes durch (heftiges) Erschrecken findet sich im gesamten Andenraum. Dazu ist nicht unbedingt eine schwere traumatische Erfahrung notwendig; es genügt schon die überraschende Begegnung mit einem wilden Tier oder ein laut herunterpolternder Stein, wenn man allein in der Nacht unterwegs ist. Nicht immer findet der verlorengegangene Seelenanteil von selbst wieder zurück, häufig wird er am Ort des Geschehens festgehalten. Dann ist die Hilfe eines *Paqo* oder *Curandero* notwendig. Unter diesem Gesichtspunkt betrachtet, erleiden wir westlichen Menschen sehr häufig leichte oder schwerere Verluste von Seelenanteilen (man denke nur an den Straßenverkehr!), und tatsächlich weisen viele von uns entsprechende Symptome auf (wie z. B. hohe Krankheitsanfälligkeit, Freud- und Lustlosigkeit, Apathie, Kraftlosigkeit).

folgenden Leben zeigen würden, und der kollektive Aspekt der Krankheit wäre noch nicht einmal berührt.

Ayni, oft umschrieben als das ethisches Prinzip des »heute für mich, morgen für dich«, ist also der Schlüssel, um das Tor zu einem erweiterten Da-Sein zu öffnen, in dem die Grenzen zwischen menschlichen und nicht menschlichen Wesen auf dem Kontinuum von materiell und geistig nicht mehr so starr und undurchlässig sind, wie es unsere Kultur gerne hätte. Wenn wir in dieses erweiterte Da-Sein eintreten, wird es offensichtlich für uns, daß wir, die wir über ein so kostbares menschliches Bewußtsein verfügen, aufgefordert sind, Verantwortung für die Gesundheit des ganzen kosmischen Beziehungsgewebes zu übernehmen. Dann sind wir bereit, bewußt und mit Herz Verantwortung als Mit-Schöpfer/-innen von Wirklichkeit zu übernehmen, und zwar zuallererst auf unserem Planeten, der Erde.

Die *Mesa*, die Zugang zu dem gigantischen Beziehungsgeflecht des lebendigen Kosmos verschafft, ist ein kraftvolles Instrument für persönliche und planetare Transformation, wobei aus meiner Sicht »Transformation« ein aussagekräftigerer Begriff ist als das vielstrapazierte Wort »Heilung«. Denn worum es geht, ist die Umwandlung eines ungleichgewichtigen, instabilen (Seelen)-Zustands in einen neuen, besser ausbalancierten und daher stabileren.

Je tiefer die Einsicht des Praktizierenden selbst und seiner Tradition in die Natur des Welt-Gewebes ist, desto differenzierter und umfassender wird seine *Mesa* dieses Gewebe abbilden und desto tiefgreifender werden die Veränderungen sein, die mit ihrer Hilfe in Gang gesetzt werden können. Allein der Aufenthalt in ihrem Kraftfeld hat oft schon eine erstaunliche transformierende Wirkung auf einen Menschen. Offensichtlich wirkt bereits der Kontakt mit dieser kosmischen Ordnung ordnend auf seine innere Un-Ordnung ein.

Darüber hinaus ermöglicht es die gezielte Verwendung von *Khuyas*, spezifische Formen von Ungleichgewicht auszubalancieren. Sie werden beispielsweise für Extraktionen von unerwünschten Eindringlingen oder parasitengleichen Wesenheiten verwendet, die von den eigenen Gedanken des betroffenen Menschen erschaffen worden sind, aber auch für die Reinigung von »Hucha« (Schwere oder Dichte), die als *Ayni*-Gabe an *Pachamama* verfüttert wird, für die, auch wenn das überraschend erscheint, unser *Hucha* Nahrung ist. Auf der Gegenseite kann es notwendig sein, bestimmte Kräfte zuzuführen, an denen ein Mangel vorhanden ist, oder das Zusammenspiel zwischen bereits in der Person vorhandenen Kräften zu verbessern, wobei es oft um den Ausgleich von polaren Kräften geht.

Doch damit allein ist es noch nicht getan; es werden noch zusätzliche Rituale mit der *Mesa* benötigt, um der Seele zum Aufblühen zu verhelfen, so daß sie den Weg zu ihrer Bestimmung finden und diese zum Wohle von sich selbst und der Weltseele leben kann. Erst dann kann man wirklich von Transformation oder letztendlicher Heilung sprechen.

In meiner Tradition, der Wayna Fanes-Tradition, geht es immer um die Umwandlung in einen höherwertigen Zustand, nicht um ein Wiederherstellen des alten, der zum jetzigen Zeitpunkt, da das gesamte Beziehungsgeflecht sich verändert hat, kein

Zustand von Gleichgewicht mehr wäre (ganz im Gegensatz zu der Idee, ein Medikament zu nehmen, um wieder in den gleichen Zustand wie vorher zu kommen).

So gesehen ist das Entstehen eines Kräfte-Ungleichgewichts immer auch ein Entwicklungsimpuls für die Seele. Ritueller wechselseitiger Austausch mit den Wesen der Natur wird immer ein wesentlicher Teil dieser transpersonalen Seelen-Entwicklungsarbeit sein, wie ich sie am liebsten nenne. Dabei muß jedes Ritual und jede Zeremonie, die einer kunstvollen Choreographie vergleichbar sind, genau »stimmen«, das heißt, präzise auf das spezifisch gegebene *Ayni*-Ungleichgewicht abgestimmt sein, ganz gleich, ob es sich um persönliche oder planetare Arbeit handelt.

Wenn Krankheit oder andere Formen von Un-Heil also als ein Ungleichgewicht im Fluß von *Ayni* als ordnendem kosmischem Prinzip verstanden werden können, so kann umgekehrt Gesundheit als ein dynamisches Gleichgewicht in diesem wechselseitigen Geben und Nehmen definiert werden. Da der lebendige Kosmos genau wie der Mikrokosmos der menschlichen Seele ständig in Bewegung ist, das heißt eine Entwicklung durchläuft, kann Gesundheit kein statischer Zustand sein; die individuelle Seele muß ihre Beziehungen in dem sich ständig verändernden Gewebe der Welt immer wieder erneuern, um ihre Gesundheit zu erhalten. Sie muß, mit anderen Worten, bereit sein, sich selbst zusammen mit dem ganzen Gewebe weiterzuentwickeln; weigert sie sich, dies zu tun, und verfällt sie in Stagnation, so ist ihr Beziehungsgefüge empfindlich gestört, und sie krankt daran.

Die Andentradition kennt keine unversöhnlichen Gegensätze zwischen Gut und Böse oder Schwarz und Weiß. Jede Kraft existiert innerhalb eines Kontinuums zwischen Polaritäten. In dieser Sichtweise ergibt es keinen Sinn, einen der beiden Pole oder eine Hälfte des Kontinuums beseitigen zu wollen. Es kann nur darum gehen, die polaren Gegensätze in ein Gleichgewicht zu bringen. Die Spannung zwischen ihnen ist sogar notwendig, um den Antrieb für das *Pukllay Kawsay*, das Spiel des Lebens, zu liefern. Nichts kann jemals nur schlecht sein, auch nicht Krankheit und Unheil, und der Tod ist eigentlich eine Geburt in einen größeren Bereich hinein.

Bezogen auf die derzeitige Krise in unserer Beziehung mit der Erde bedeutet das, daß im Moment das Pendel zu viel nach einer Seite schwingt, und nicht, daß alles nur schlecht ist, was wir tun. Es gibt zu viel Getrenntheit, Analyse, Spezialistentum, Individualismus und Beschränkung auf Objektivierbares (sei es durch unsere Sinne oder technische Hilfsmittel), und zu wenig Zusammenarbeit, Synthese, Universalität, Gemeinschaftssinn und Einbeziehung des Beseelten und Mythischen jenseits unserer Sinne. Es geht um ein Sowohl-als-Auch, nicht um ein Entweder-Oder. Nur dann können wir den Sprung in ein neues *Pacha*, eine neue Raum-Zeit hinein schaffen, in der wir uns jenseits der uns bekannten Polaritäten bewegen werden.

3. Ich als Teil von uns

*Heute Abend wird meine »Wahlfamilie«, das Dolomiten-*Ayllu*, an meiner* Mesa *zusammenkommen. Ich bereite mich auf unser Treffen vor, indem ich meine* Mesa *nach den wichtigsten Themen befrage, denen wir uns widmen sollen. Dies ist ein kleines Treffen, unser »Ayllurat«, wie wir ihn nennen, und so bringen alle nur eine einzige* Khyua *mit, die an diesem Abend auf meiner* Mesa *zu Gast sein wird. Alle* Ayllu*-Mitglieder haben selbst eine* Mesa*, und einige Male im Jahr kommen wir für ein ganzes Wochenende in einem Raum zusammen, der groß genug ist, um sie alle auszulegen.*

So wie die Gemeinschaft der Khuyas *auf jeder einzelnen* Mesa *ein spezifisches Muster bildet, so sind wiederum alle* Mesas *im Raum in einer bestimmten Konfiguration angeordnet. Sie bilden wiederum eine Gemeinschaft von* Mesas*, deren Kräfte zusammenwirken und somit eine größere Einheit darstellen. So entsteht ein starkes und harmonisches Kraftfeld, das für wirksame Bewußtseinsarbeit von planetarer Reichweite geeignet ist.*

Die Zeit des Einsiedlers in der Höhle ist vorbei, denn nur gemeinsam können wir die große kollektive Bewußtseinsveränderung erreichen, die uns in eine Verheißene Zeit führt, wie es der Mythos von Fanes ausdrückt. So bilden wir eine Gemeinschaft von »Mesaträgerinnen« und »Mesaträgern«, ein Begriff, der für uns einen doppelten Sinn bekommt, wenn wir unsere stein-reichen Mesas *zu den Orten unserer Zusammenkunft transportieren!*

Wenn ich mir vorstelle, daß es eines Tages so weit sein wird, daß an vielen verschiedenen Orten in Europa und der ganzen Welt Ayllus *auf die gleiche Weise zusammenkommen und mit ihren* Mesas *harmonische Muster aus hilfreichen Steinwesen bilden werden, die durch unsichtbare Fäden, die an zahllosen* Apachetas *in der Landschaft befestigt sind, miteinander verbunden sind, sehe ich ein gigantisches, atemberaubend schönes und lichtvolles Gewebe, das sich der Haut von* Pachamama *anschmiegt; ein wahres Festkleid für sie!*

Wenn genügend Menschen bereit wären, dazu beizutragen, indem sie für die Apachetas *ihrer eigenen Region sorgen würden, und einige von ihnen, die sich tiefer engagieren wollen, zusätzlich auch mit ihren* Mesas *zusammenkämen, wäre das für sich selbst genommen bereits eine bedeutsame Bewußtseinsveränderung.*

*Es geht nur gemeinsam. Das anzuerkennen und entsprechend zu leben ist vielleicht die größte Herausforderung für unsere Kultur des Hyperindividualismus. Seit zwölf Jahren stelle ich mich tagtäglich dieser Herausforderung, seit ich das Dolomiten-*Ayllu *ins Leben gerufen habe. Persönliche Bedürfnisse mit den Erfordernissen von gemeinsamer Arbeit für ein größeres Anliegen jenseits der einzelnen Person miteinander in Einklang zu bringen, ist eine heikle Gratwanderung. Immer wieder müssen wir die Kleinlichkeit des Ego mit seinem Bedürfnis nach Aufmerksamkeit, seiner Neigung zu persönlicher Gekränktheit und wenig hilfreichen Gefühlen wie Schuld,*

Geiz, Neid oder Eifersucht, überwinden, um wirklich zu Diensten für Pachamama *und ihre Kinder sein zu können, und da nehme ich mich selbst nicht aus. Oft genug schon gab es Momente, an denen ich alles hinwerfen und nur noch allein zu den Heiligen Bergen gehen wollte. Doch diese gaben mir jedes Mal mit aller Deutlichkeit zu verstehen, daß die gemeinschaftliche Arbeit mit anderen Menschen unverzichtbar ist.*

Wir müssen Ayni *wieder lernen, doch nicht nur mit Mutter Erde selbst, sondern auch mit ihren Kindern, unseren Mitmenschen. Doch wie können wir* Ayni *mit anderen Menschen lernen, wenn wir einander aus dem Weg gehen? – Es ist zweifellos ein wichtiger Teil meine Aufgabe, Gemeinschaft zu bilden und zu erhalten, und das ist wahrlich keine Kleinigkeit in der Gesellschaft, in der wir leben.*

Gemeinschaft ist immer ein Prüfstein für unsere eigene spirituelle Reife: Es ist leicht, sich bei der Meditation im stillen Kämmerlein heilig zu fühlen, wo die Konfrontation mit den Unvollkommenheiten anderer Menschen wegfällt. Hingegen ist es weitaus schwieriger, das in erweiterten Bewußtseinszuständen Erfahrene hier in dieser Welt zu leben, in der es eben auch andere Menschen gibt.

Doch welche Freuden bringt es andererseits mit sich, einem Ayllu *anzugehören, welche Bereicherung ist es für mein Leben! Wer einmal die Kraft in einem voll aktivierten und gut harmonisierten Raum mit einem Dutzend oder besser zwei Dutzend* Mesas *gespürt hat und sich von ihr hat tragen lassen, möchte diese Erfahrung nicht mehr missen. Und wie tief befriedigend und einend ist es, in einer kleinen Gruppe zu einer* Apacheta *zu wandern und dann im Kreis um sie zu stehen, um sie mit einer gemeinsamen Zeremonie zu ehren.*

Der Umgang miteinander in einem Ayllu *ist anders als in allen anderen Gruppen von Menschen, denen ich jemals angehört habe, und es ist nicht leicht zu beschreiben, was dabei genau anders ist. Vielleicht könnte man dieses Miteinander-Sein als respektvoller und weniger urteilend beschreiben, als ehrlicher und zugleich liebevoller, auch als geduldiger und Raum für Entwicklung zugestehend, wobei das Wissen um den gemeinsamen höheren Zweck des Zusammenseins dabei hilft, persönliche Differenzen zu überwinden.*

Es geht darum, jede Situation als Chance zu begreifen, um Ayni *zu lernen und zu praktizieren, und nie den gemeinsamen, über uns selbst hinausreichenden Zweck aus den Augen zu verlieren. Das heißt nicht, daß individuelle Eigenheiten und das Bedürfnis nach persönlicher Heilung und Entwicklung keinen Platz haben, sondern vielmehr, daß sie in einen erweiterten Kontext gestellt werden. In diesem Kontext ist unsere eigene spirituelle Entwicklung deshalb wichtig, damit wir besser zu unserem gemeinsamen Werk beitragen können, damit wir selbst eine stärkere* Khuya *auf unserer gemeinsamen* Mesa *werden. Das ist keineswegs eine Abwertung, sondern im Gegenteil eine Aufwertung von uns selbst, genauer gesagt, von unserem Höheren Selbst.*

Heute Abend kommen wir also an meiner Mesa *zusammen, und wie immer werden wir uns zu Beginn des Rates der* Mesa *und einander mit jener Quechua-Formel vorstellen, die soviel bedeutet wie: »Ich als Teil von uns«, gefolgt von unserem Namen. Das ist keine Floskel, sondern eine bedeutsame und kraftvolle Stellungnahme zu Beginn des Rates, die unser Zusammensein prägt.*

Wie immer sitze ich schon einige Zeit vorher an der Mesa, zentriere mich und stelle den Kontakt zu ihr her. Dabei bleiben meine Augen nacheinander an den vier großen Khuyas haften, die genau in den vier Himmelsrichtungen liegen und eine Art Anker für die universellen Prinzipien bilden, die ihnen zugeordnet sind.

Mein Blick wandert von den Federn im Norden, dem Ort des Geistes und von Schöpferin/Schöpfer, zu meinem uralten Pachamama-Stein im Süden, entlang der Achse, die versinnbildlicht, daß eine Kontinuität zwischen Geist und Materie besteht. Im Osten, dort, wo die Sonne aufgeht und unser Lebensweg in dieser »mittleren« Welt beginnt, steht ein hohes Glas mit einer weißen Kerze. Der Osten ist mit Denken und Verstand assoziiert und erinnert uns daran, daß Weisheit jenseits von Wissen liegt. Wie viele Schwierigkeiten haben wir westliche Menschen doch mit unserem Denken, das eher uns zu beherrschen scheint als wir es! Gegenüber, im Westen, liegt eine große spiralige Muschel; diese Himmelsrichtung steht im Zusammenhang mit Mond und Wasser, auch mit Liebe, Beziehungen und Gemeinschaft. Der Westen ist der Ort des Herzens, mit dem wir westliche Menschen uns meist so schwertun, da ihm unser hyperaktiver Verstand keinen Raum geben will. Wir können nur ein Ayllu bilden, wenn wir unsere Herzen füreinander öffnen, genauso wie für Pachamama und all ihre Wesen. Sonst werden unsere Zeremonien steif und technisch und zwischenmenschliche Hürden unüberwindbar.

Beide Achsen, die von Norden nach Süden und die von Osten nach Westen, kreuzen sich im Zentrum der Mesa, wo sich ihr kostbares Mittelstück befindet, das aus drei Teilen besteht: einer Muschelschale, in der ein flacher Stein liegt und auf diesem wiederum ein Kreuz. Es ist der Gleichgewichtspunkt von allen vier Himmelsrichtungen und der Ort von letztendlicher Heilung oder Transformation, die immer einen Pachakuti bedeutet, eine Weltumkehr.

Heilung, die alle vier Himmelsrichtungen einschließt und unser Verwobensein mit allem berücksichtigt, stellt tatsächlich die Welt auf den Kopf. Daher sollte sich, wer schamanische Heilung sucht, fragen, ob er diese auch tatsächlich will, oder lieber »nur ein bißchen« kuriert werden möchte.

Um das Zentrum herum sind zwölf Steine in einem Kreis angeordnet, die besondere Geschenke von den Apus, den Heiligen Bergen, sind, mit denen unser Ayllu zusammenarbeitet. Eigentlich sollte ich besser sagen, es handelt sich um diejenigen Apus, die uns ihre Kraft für unsere Arbeit anvertrauen. Auf der Mesa kommen auch sie als eine Gemeinschaft, als ein Kreis, zusammen. Damit erteilen sie uns eine eindrucksvolle Lektion über das synergistische Zusammenwirken von Kräften in einer gut ausbalancierten Gemeinschaft von hochentwickelten Wesen.

Ich verweile ein wenig im Zentrum und spüre mich ruhiger, klarer und aufrechter werden. Da macht sich der kleine herzförmige Stein wieder bemerkbar, der seinen Platz nicht, wie es vielleicht zu erwarten gewesen wäre, im Westen gefunden hat, sondern im unteren Teil der Nord-Süd-Achse, ganz nahe bei mir. Wird er heute Abend mehr von sich preisgeben? Er scheint mir zu signalisieren, daß er diese Absicht hat.

Später, als wir im Kreis rund um die Mesa versammelt sind, kommen wir auf die Bedeutung des Herzens in unserer schamanischen Tradition zu sprechen. Sonqo

W'ata, *die Herzinsel (Südamerika) ist die Heimat der Andentradition, die uns so großzügig die Grundlage für die Wiederentdeckung unseres eigenen mythisch-schamanischen Erbes zur Verfügung gestellt hat. Besteht nicht ein offensichtlicher Mangel an Herz in unserer Lebensweise? – Liegt in unserer Gesellschaft nicht geradezu eine kollektive Verwechslung von Verliebtheit und Liebe vor? – Und ist nicht auch das ganze Gerede von Licht und Liebe in der Esoterik-Szene oft nur falsch und oberflächlich oder gar von skrupellosem Profitstreben geprägt? – Wir sind uns darüber einig, daß schamanische Arbeit mit den Kräften der Natur und des Kosmos nur dann segensreich für die Erde und ihre Bewohner sein kann, wenn sie von einem großen Herzen kommt.*

Auch der unvergleichlich strahlende Stein, der einst im unterirdischen Wasser von Fanes verschwand und dessen Wiederkehr wir den Weg bereiten wollen, kann nur dann segensreich wirken, wenn seine unvorstellbar große Kraft mit Herz benutzt wird. Jede Kraft kann zum Guten oder zum Schlechten verwendet werden, sie ist einfach nur eine Kraft, sagt die Andentradition. Wir müssen eine Brücke bauen zwischen Kopf und Herz, sonst wird uns auch das reinste und brillanteste Licht nicht weiterhelfen, sondern vielleicht sogar zerstörerisch sein.

Wieder »ruft« mich der kleine herzförmige Stein: Hat er etwa damit zu tun? – Kann er uns mehr darüber lehren, wie wir mit dem unvergleichlich strahlenden Stein umgehen müssen oder was wir in uns vorbereiten müssen, damit er überhaupt auftauchen kann? – Bei diesen Gedanken spüre ich jenes charakteristische Kribbeln in der Nabelgegend, das sich immer dann einstellt, wenn etwas Bedeutungsvolles in der Luft liegt. Jetzt scheine ich auf der richtigen Spur zu sein. Wenn der kleine herzförmige Stein etwas mit dem unvergleichlich strahlenden Stein zu tun hat, dann verstehe ich auch, wieso er sich auf der Mittelachse meiner Mesa *niederlassen wollte, denn dann ist er von zentraler Bedeutung! Ich sage noch nichts davon zu meinen* Ayllu-*Geschwistern; noch weiß ich nicht genug, um darüber zu sprechen.*

Dankbar für die Inspiration dieses Abends schließe ich die Zeremonie ab. Wir sitzen noch ein wenig in der Küche zusammen, essen eine Kleinigkeit, reden und lachen. Bei dieser Gelegenheit werden auch Pläne für das kommende Wochenende geschmiedet: Welche Apachetas *brauchen am dringendsten einen Besuch und welche sind überhaupt schon aus dem Schnee aufgetaucht? Wer hat wann Zeit zu ihnen zu gehen? Auch die nächste Vollmond-Zeremonie steht bevor, und jemand fragt mich, ob er dazu einen Gast mitbringen kann, was in den meisten Fällen möglich ist. Es ist auch nicht mehr lang bis zu unserer mehrtägigen Sonnwend-Pilgerschaft mit einer großen Zeremonie in Fanes, und ein paar organisatorische Fragen diesbezüglich sind noch zu klären.*

Seit vielen Jahren ehren wir jeden Vollmond und jede Sonnwende und Tagundnachtgleiche mit einer besonderen Zeremonie, so daß unser Leben wieder von den großen kosmischen Zyklen strukturiert wird. Diese Tage sind unsere Feiertage, nicht die von Staat und Kirche verordneten. Am Anfang war es für viele schwierig, diese Umstellung zu vollziehen, doch mittlerweile ist es spürbar, daß alle sich diesen zeremoniellen Kalender zu eigen gemacht haben, und niemand will an diesen Tagen fehlen.

Ich schaue in die Runde, und es wird mir bewußt, wie gern ich sie alle habe, mit all ihren Eigenheiten und menschlichen Schwächen genauso wie mit ihren bemerkenswerten Fähigkeiten, ihrem Einsatz und ihrer Begeisterung für unsere Arbeit. Es ist erstaunlich, wie weit sie alle über das hinausgewachsen sind, was sie noch vor wenigen Jahren glaubten zu sein. Wie viel mehr Kraft und Lebendigkeit haben sie jetzt, da sie es gewagt haben, ihrer Sehnsucht nach einem erweiterten Da-Sein zu folgen, was soviel bedeutet, wie der eigentlichen Bestimmung ihrer Seele entgegenzugehen. Das ist das Geheimnis ihrer veränderten Ausstrahlung. Ja, es ist gut, Teil eines Ayllu *zu sein, das bereit ist, von Herzen zu geben, für* Pachamama *und ihre Kinder!*

»Gemeinschaft« ist heutzutage für viele Menschen geradezu ein Reizwort, das augenblicklich Assoziationen wie »Einschränkung der persönlichen Freiheit« hervorruft. Verwendet man gar den Begriff »spirituelle Gemeinschaft«, dann steht man sofort im Verdacht, einer gefährlichen Sekte anzugehören, oder, wie in meinem Fall, eine solche gegründet zu haben.

Wir leben in einer Zeit der Glorifizierung des Individuums. Werte wie Individualität, Entfaltung der eigenen Persönlichkeit, Selbstfindung oder Selbstverwirklichung nehmen einen hohen Stellenwert ein und werden kaum hinterfragt. »Ich bin anders«, das ist wichtig, aber nicht: »Ich bin ein Teil von uns.«

Zweifellos ist es eine Errungenschaft, den Wert und die Einmaligkeit jedes einzelnen Menschen anzuerkennen und die Entfaltung seiner ganz besonderen Fähigkeiten zu fördern. Jedoch ist die Frage zu stellen, was passiert, wenn diese Ideale auf die Spitze getrieben und zum Selbstzweck werden, das heißt, nicht mehr der menschlichen Gemeinschaft dienen, sondern nur noch einem von anderen Menschen und Wesen isolierten Individuum. Dann sind wir beim gegenwärtigen Hyperindividualismus angekommen, der zum Teil groteske Formen annimmt und sich auch in zahlreichen spirituellen Modeerscheinungen niederschlägt.

Interessanterweise bin ich noch nie jemandem begegnet, der von diesem übertriebenen Individualismus geprägt war und den ich als wirklich lebendig und kraftvoll empfunden hätte, ganz zu schweigen glücklich.

Es bringt uns also offensichtlich nicht wirklich weiter, weder jeden einzelnen, geschweige denn die Menschheit als Ganzes, wenn wir vergessen, daß wir nicht nur eine individuelle, sondern auch eine kollektive Seele haben und hier auf der Erde nicht nur untereinander, sondern auch mit zahllosen anderen Wesen zusammenleben müssen. »Persönliche Freiheit«, so wie wir sie verstehen, ist nichts als eine gigantische Illusion, der unsere ganze Kultur erlegen ist.

Auch in meiner Arbeit spielt es eine wichtige Rolle, Menschen in ihrer Einmaligkeit anzuerkennen und zu ermutigen, ihre individuellen Fähigkeiten zu entwickeln und zu leben. Doch mein Augenmerk richtet sich auf das, was ich die »Bestimmung der Seele« nenne. Der Weg zu ihr führt über das Erwachen unserer Sehnsucht nach einem Leben, das deshalb befriedigend ist, weil ihm ein tiefer Sinn zugrunde liegt, der sich enthüllt, wenn wir uns dessen bewußt werden, daß wir in diesem Leben eine bestimmte Aufgabe haben und einen spezifischen Platz in einem größeren Ganzen einnehmen.

Mit »Bestimmung der Seele« meine ich nicht ein vorbestimmtes Schicksal, sondern eine von unserem Höheren Selbst ursprünglich getroffene Entscheidung, von der wir meistens nichts mehr wissen. Diese Entscheidung geht auf einen der Seele innewohnenden Antrieb zurück, im Laufe all ihrer Leben heranzureifen, um sich schließlich selbst in ihrer Essenz zu erkennen. »Persönliche Freiheit« bekommt damit eine neue Bedeutung: Es ist die Freiheit, uns dafür zu entscheiden, der Sehnsucht unserer Seele zu folgen, und wir fühlen uns wahrlich befreit und erfüllt von ungeahnter Kraft, wenn wir diese Entscheidung getroffen haben.

Wir haben einen freien Willen und können ihn entweder dafür verwenden, unserer Bestimmung näherzukommen, oder dafür, uns von ihr abzulenken beziehungsweise vor ihr davonzulaufen. Letzteres wird uns natürlich auf Dauer nicht gelingen, sondern wir werden nur den Umweg über mehr Leiden machen, denn die Entscheidung haben wir ja längst getroffen; letztlich ist also der freie Wille des Ego doch wieder eine Illusion! Hyperindividualismus zu kultivieren heißt, auf der Flucht vor der Bestimmung der eigenen Seele zu sein, die weiß, daß sie mit anderen Seelen und der Weltseele verwoben ist, indem wir unsere Seele mit dem verwechseln, was man »personale Identität« oder »Ego« nennt.

Der Begriff »Selbst« wird in vielen unterschiedlichen Bedeutungen gebraucht. Meistens, wenn von »Selbstfindung« oder »Selbstverwirklichung« die Rede ist, geht es nicht um unser Höheres oder Wahres Selbst, sondern um unser Ego-Selbst, also um das, was die meisten von uns als ihre Ich-Identität erleben, dieses von allen anderen abgegrenzte Wesen, das einen bestimmten physischen Körper bewohnt und sich bemüht, alle seine persönlichen Bedürfnisse in dieser Welt und in diesem Leben erfüllt zu bekommen.

Nachdem es in der Natur des Ego liegt, sich abzugrenzen und sich gegen seine Umgebung, die ja nicht zu ihm gehört, behaupten zu wollen, hat es einen sehr eingeschränkten Blickwinkel auf die Welt und das eigene Leben. Es ist ständig damit beschäftigt zu unterscheiden, was ihm nützlich ist und was nicht, und teilt die Welt entsprechend ein. Unser Höheres Selbst hingegen hat eine umfassendere Sichtweise, die um unsere Zugehörigkeit zur Weltseele weiß. Daher kommt für es Eigennutz auf Kosten anderer, einschließlich der Erde, nicht mehr in Frage. Aus diesem erweiterten Blickwinkel heraus können wir uns nicht mehr auf die Größe des Ego zusammenziehen, sondern sehen uns selbst als ein Wesen, das weit über die Grenzen einer einzelnen Person, auch eines einziges Lebens, hinausgeht.

Das Höhere Selbst definiert sich durch seine Seelenessenz, die ein Aspekt der Weltseele ist, und nicht mehr durch seine personale Existenz. Es ist transpersonal. Ganz gleich, wie viele Ebenen von personalem und transpersonalem Bewußtsein man unterscheiden will (wer sich dafür interessiert, dem sei die Lektüre von Ken Wilber empfohlen), worauf es ankommt, ist, den fundamentalen Unterschied zwischen einem personalen und einem transpersonalen Verständnis von sich selbst zu begreifen. Sich nach der Bestimmung der eigenen Seele auszurichten statt nach den Bedürfnissen und Eitelkeiten eines individualistischen Ego-Selbst, verlangt den Sprung ins Transpersonale.

Vielleicht ist es ja tatsächlich so, daß es im Zuge der menschlichen Bewußtseinsentwicklung notwendig ist, die Vereinzelung des Individuums zum Exzeß zu treiben, um die Falle zu erkennen und schließlich das Ego transzendieren zu können; allerdings scheint es auch immer wieder Menschen gegeben zu haben, die einen umfassenderen Bewußtseinszustand erreichen konnten, ohne vorher diese Phase durchlaufen zu haben.

Wie dem auch sei, es ist höchste Zeit, daß nicht nur einzelne, sondern zumindest eine kritische Anzahl von uns diesen Schritt schafft, wenn es eine Zukunft für *Pachamamas* Kinder geben soll. Denn, wie ich eingangs geschrieben habe, ist die gegenwärtige Krise zuallererst einmal eine Krise des menschlichen Bewußtseins, und sie ist durch die Vorherrschaft des (unreifen) Egos entstanden.

Um Mißverständnissen vorzubeugen: Das Ego kann sehr wohl eine nützliche Instanz für das Leben in dieser »mittleren« Welt sein, wenn es uns gelingt, es im Sinne von schamanischem Tod und darauffolgender Wiedergeburt zu transformieren, so daß wir es in ein umfassenderes Selbstbild integrieren können und uns nicht mehr ausschließlich mit ihm identifizieren. Die ausschließliche Identifikation ist es, die sterben muß, damit das Höhere Selbst geboren werden kann.

Westliche Gesellschaften haben jedoch die Ego-Individualisierung so weit getrieben, daß »Gemeinschaft« fast etwas Anrüchiges geworden ist, und Herzlosigkeit den zwischenmenschlichen Umgang prägt. Rücksichtsloses Verfolgen von Eigeninteressen auf Kosten von Mitmenschen und Erde sind an der Tagesordnung und der hohe Preis, den wir für unsere heilige Kuh »Individualität« bezahlen.

Wir sehen es in allen Bereichen, im Großen wie im Kleinen: in Familie, Schule, Wissenschaft und Politik genauso wie in religiösen Institutionen. Die Esoterik-, Therapie- und »Bewußtseinstechnologie«-Welle führt es oft grotesk vor. Wenn ich mir die Inserate in einschlägigen Zeitschriften anschaue, weiß ich oft nicht, ob ich lachen oder weinen soll. Geld, Erfolg und Spiritualität werden in einem Atemzug genannt, und wer nicht jede Menge Geld verdient, ist wahrscheinlich spirituell nicht weit genug fortgeschritten. Es ist eigentlich immer wieder unglaublich für mich, wie wenig solche Behauptungen hinterfragt werden. Dabei ist es mehr als offensichtlich: Wer Spiritualität in erster Linie für seinen Eigennutz verwendet, wird wohl kaum über die Ego-Ebene hinausgekommen sein. Und wo ist im übrigen das Herz geblieben?

Viele spirituell interessierte Menschen sind fasziniert von erstaunlichen individuellen Leistungen von mentaler Kontrolle über den physischen Körper wie zum Beispiel die eines Yogis, der stundenlang seinen Herzschlag anhalten kann. In der heutigen Zeit scheint mir jedoch die Frage angebracht, in welcher Weise solche Leistungen der Menschheit dienen sollen. Westliche Menschen werden natürlich von allen östlichen (und westlichen) Praktiken der mentalen Kontrolle angezogen, denn nicht nur steht das Denken für sie im Vordergrund, sondern viele von ihnen leiden an ihrer mangelnden Kontrolle über ihre Gedanken. Sie verwenden solche Praktiken jedoch häufig, um ihr Ego zu befriedigen, anstatt dafür, seine Tricks zu entlarven. So werden diese oft aus dem Kontext des jeweiligen spirituellen Systems herausgerissen und zu Wohlfühl- oder Erfolgstechnologien degradiert.

Andere wieder behaupten, sich nur noch von Licht ernähren zu können. Selbst, wenn das mit dem physischen Körper, mit dem wir geboren sind, und der mit Verdauungsorganen ausgestattet ist, auf Dauer möglich sein sollte, drängt sich mir die Frage auf: Wird das dazu beitragen, unsere Beziehung zur Erde, die uns nährt, zu erneuern? Ich habe da so meine Zweifel. ***Was wir brauchen, sind mehr Menschen, die bereit sind, statt eines Weges der persönlichen Befreiung einen Weg des Dienens zu gehen, und zwar gemeinsam und mit Herz.***

Dazu müssen wir jedoch den Schritt ins Transpersonale wagen, sonst wird es wiederum ein Dienst sein, der hauptsächlich dem Ego schmeichelt, aber nicht wirklich von Herzen kommt. Das Herz gibt, um zu geben, und nicht, um Gutseins-Punkte zu sammeln. Insofern haben wir bereits den Schritt ins Transpersonale gemacht, wenn wir zu unserem Herzen gefunden haben, und ich kann umgekehrt nicht sehen, wie ein Wesen, das sich transpersonal begreift, kein Herz haben könnte. Wie könnte jemand kein Mitgefühl mit dem »anderen« haben, das nun zum Teil seiner selbst geworden ist?

Der Verlust des Herzens, den wir durch den westlichen Hyperindividualismus zu beklagen haben, erscheint so betrachtet noch schwerwiegender: Er versperrt uns auch den Entwicklungsweg hin zu unserem Höheren Selbst.

Nicht nur arbeiten wir generell mehr gegeneinander als miteinander und vergeuden so jede Menge Kraft, oft ist auch kooperatives Handeln nur scheinbar, und zwar dann, wenn es letztlich doch wieder nur dem Ziel der persönlichen Gewinnmaximierung dient. Das trifft durchaus auch auf manche Bemühungen von Seiten der Wirtschaft zu, die uns »Nachhaltigkeit«, d. h. Erd-Freundlichkeit versprechen. Wenn es nur darum geht, mit der Nachhaltigkeit das bessere Geschäft machen zu können, dann hat das ganze einen schalen Beigeschmack, denn es fehlt wiederum das Herz.

Können wir wirklich auf der Ebene des Ego bleiben, wenn sich unsere Beziehungen zueinander und zur Erde tiefgreifend ändern sollen? – Nehmen wir beispielsweise einmal an, es ständen uns ab sofort umweltfreundliche Autos zur Verfügung. Würde dies etwa automatisch unsere Einstellung zur Erde so verändern, daß wir sie ab jetzt lieben und ehren würden? – Es wird sofort klar, daß diese Annahme so nicht stimmen kann. Wir würden höchstwahrscheinlich mit diesem Vehikel mit genau der gleichen Einstellung herumfahren wie jetzt, um unserem gewohnten Freizeitvergnügen nachzugehen. Vielleicht würden wir es sogar noch mehr tun, denn jetzt bräuchten wir ja kein schlechtes Gewissen wegen der Umwelt mehr zu haben, und uns weiterhin bemühen, das leere Gefühl wegzustecken, das uns dabei doch manchmal beschleicht.

Was ist es wirklich, was das Essen der umwelttechnologischen Lösung unserer Probleme mit der Erde nicht so recht schmackhaft macht? – Es ist letzten Endes der Mangel an Herz, der daher rührt, daß uns das Gefühl von Zugehörigkeit zur Erde und ihren Wesen immer noch fehlt, auch wenn wir uns umweltfreundlicher verhalten. Es ist eben immer noch die Um-Welt und nicht ein Teil unserer eigenen Welt. Selbst wenn wir es theoretisch verstehen, daß wir zum großen Netz des Lebens gehören, werden wir nicht zu unserem Höheren Selbst und damit zur Bestimmung unserer Seele gelangen, wenn wir nicht eine entsprechende Erfahrung machen, die unser Herz öffnet, füreinander und für Mutter Erde. Dazu bedarf es einer spirituellen Praxis, die unser Herz heilt und die Erde ehrt. Sonst bleibt es bei nichts anderem als »Ego-Verwirklichung«.

Um den Zugang zu unserem Herzen wiederzufinden und dieses reifen zu lassen, kommen wir auf unserem (spirituellen) Weg nicht ohne unsere Mitmenschen und Mit-Wesen in der Natur aus. Zu zahlreich sind die Fallen, in die das Ego ständig hineintappt, weil es sich so leicht einreden kann, wie gut es doch ist, solange ihm niemand in die Quere kommt. Immer wieder muß es (den schamanischen Tod) sterben, damit das Höhere Selbst geboren werden kann. Diese Tode haben immer mit der Auseinandersetzung mit dem Anderen zu tun, sei es das menschliche oder das nicht-menschliche Andere. Das Herz ist der Schlüssel zur Überwindung der Barriere, die sich durch die Existenz des Anderen vor dem Ego aufbaut.

Das Ego ist jedoch, wenn auch im besten Fall glorreich, so doch einsam, und wenn es sich dessen bewußt zu werden beginnt, erinnert es sich allmählich an sein Herz. Doch muß es Wechselseitigkeit lernen, *Ayni*, sonst entstehen mißbräuchliche Beziehungen zu anderen Menschen (und nicht nur zu Menschen), bei denen es wiederum nur um die Befriedigung der eigenen Bedürfnisse geht. Unsere Welt ist voll von solchen Beziehungen, so voll, daß ich mich manchmal bei meiner Arbeit gefragt habe, wie viele gesunde zwischenmenschliche Beziehungen es in unserer Gesellschaft überhaupt gibt.

Allein schon die Bedeutung des Öffnens und Verfeinerns unserer Herzen für einen Bewußtseinswandel wäre also ein ausreichendes Argument für die Notwendigkeit von Gemeinschaft, und zwar Gemeinschaft auf der Basis von *Ayni*. Doch darüber hinaus geht es auch noch darum, unsere Kräfte für ein gemeinsames, transpersonales, höheres Ziel zusammenzubringen, das durch die isolierten Anstrengungen auch von noch so vielen hoch entwickelten Einzelwesen nicht zu erreichen wäre.

Beides, sowohl ein übergeordnetes gemeinsames Anliegen für die Erneuerung der Beziehung zwischen *Pachamama* und ihren Kindern zu verfolgen als auch unser Herz zu einem ebenbürtigen Partner unseres Verstandes werden zu lassen, ist der Zweck des Zusammenseins in einem *Ayllu* der Wayna Fanes-Tradition. Ein *Ayllu* ist so etwas wie eine spirituelle Wahlfamilie, wo *Ayni* gelernt werden kann, das sich wie ein roter Faden durch die gemeinsame Arbeit zieht. Die Mitgliedschaft in einem *Ayllu* steht nicht im Widerspruch zur Zugehörigkeit zu unserer biologischen Familie, sondern stellt vielmehr eine Erweiterung von dieser dar. Statt das *Ayllu* als Konkurrenz für die eigene Familie zu betrachten, sollte es eher als eine Bereicherung von ihr angesehen werden: Es bedeutet eine enorme Qualitätsverbesserung für die Beziehungen innerhalb einer Familie, wenn die im *Ayllu* praktizierte Form des Umgangs miteinander und mit der Erde auch in die eigene Familie einfließt. Das *Ayllu* hilft aus der Enge der bürgerlichen Kleinfamilie heraus, ohne daß man unbedingt im gleichen Haus mit seinen *Ayllu*-Geschwistern zusammenleben muß.

Im *Ayllu* kommen wir zusammen, weil wir uns bewußt für einen gemeinsamen Weg des Dienens an der Erde entschieden haben, und die gemeinsame Aufgabe hat dabei stets oberste Priorität. Alle *Ayllu*-Mitglieder wissen, daß zwischenmenschliche Konflikte so schnell wie möglich gelöst werden müssen, damit sie unseren Zeremonien keine Kraft rauben oder gar unerwünschten Kräften Einlaß gewähren. Ein Schlüssel dazu ist es, nichts persönlich zu nehmen, oder, mit anderen Worten gesagt, sich in Mitgefühl zu üben. Diese Art von Konfliktbewältigung ist ein phantastischer spirituceller Reifungsprozeß, denn Davonlaufen kommt genauso wenig in Frage wie Unter-den-Teppich-Kehren.

Im allgemeinen erkennen wir schließlich, daß unser Ego uns wieder einmal einen Streich gespielt hat, und daß es seine Beleidigtheit, seine Machtgelüste oder sein Ausagieren von altbewährten Verhaltensmustern des persönlichen Gewinns wird aufgeben müssen, damit wir gemeinsam etwas bewirken können. Nie ganz zugeheilte alte Wunden kommen zum Vorschein und können endlich geheilt werden. Durch die Praxis des »Raumhaltens«, des urteilsfreien stillen Gegenwärtigseins im Kreis um die *Mesa*, während die *Curandera* oder der *Curandero* mit der heilungsbedürftigen Person arbeitet, entsteht nicht nur ein Vielfaches an Kraft im Raum, sondern schulen auch alle Anwesenden ihr eigenes Herz und überwinden die Bedürfnisse ihres eigenen Ego. Interessanterweise geschieht oft allein durch ihr Raumhalten und Anwesendsein bei der Heilung einer anderen Person auch eine heilsame Veränderung für sie selbst. In einem solchen zeremoniellen Raum kann Geist wirken, und es entsteht viel mehr transformierende Kraft als es je bei Einzelarbeit ohne Anwesenheit einer gut harmonisierten Gemeinschaft möglich ist.

Wer diese Kraft in einem Kreis um die *Mesa* einmal gespürt hat, weiß, daß sie, wenn sie mit der notwendigen Meisterschaft eingesetzt wird, eine transformierende Wirkung hat, auf das Bewußtsein eines einzelnen Menschen ebenso wie auf das kollektive menschliche Bewußtsein.

Doch es bedarf einer kritischen Anzahl von Menschen, die sich für Bewußtseinsarbeit dieser Qualität zusammentun, damit der große *Pachakuti*, in dem wir uns gegenwärtig befinden, zur ersehnten Weltumkehr hin zu einer Verheißenen Zeit werden kann. Es braucht viel mehr *Ayllus*, Familien im Geist, die untereinander zusammenarbeiten und an verschiedenen Orten auf *Pachamama* für ihre Heiligen Berge und Orte sorgen.

Ayllus schaffen tatsächlich eine neue Kultur mit einem zeremoniellen Kalender, der das Jahr entsprechend den Rhythmen der Natur und des Kosmos strukturiert, mit individuellen und gemeinschaftlichen sinnerfüllten rituellen Praktiken und mit einer Weltsicht, die das Mythische und das Rationale zu versöhnen sucht. Sie bereiten den Weg für eine neue Lebensform auf der Grundlage von *Ayni* anstatt von Profit, in der alle Gewinner sind.

Das Zusammensein in einem *Ayllu* ist nicht durch eine Institution formalisiert, sondern entsteht aus der praktischen Umsetzung der Weisheit einer Tradition, die seit undenklicher Zeit von Lehrern an Schüler weitergegeben worden ist, sich mit ihnen weiterentwickelt hat und daher lebendig ist. Eine gemeinsame Vision ist es, die ein *Ayllu* trägt, und eine gemeinsame Sehnsucht unserer Seelen. Damit sind wir mit unserer Form des Zusammenlebens viel näher an einer zeitgemäßen Stammeskultur als an einer gefährlichen Sekte.

Unsere Beziehung zu *Pachamama*, Mutter Erde, spielt in dieser Form der Spiritualität eine entscheidende Rolle. Folglich gibt es nichts, was zu niedrig oder unheilig wäre, um Thema im *Ayllu* sein zu können. Die Integration aller Ebenen, von physisch über emotional und mental zu spirituell, ist es, worauf es uns ankommt. Denn eine höhere Ebene zu erreichen, heißt nicht die tieferen zu negieren, sondern sie zu integrieren. Nur dann können wir eine solide Basis für tief empfundene höhere schamanische Bewußtseinsarbeit schaffen, die tatsächlich planetare oder gar universelle Reichweite hat.

Wir werden es nicht ohne Gemeinschaft schaffen, davon bin ich überzeugt. Wir werden unseren Hyperindividualismus überwinden und unsere Skepsis gegenüber Gemeinschaftlichkeit aufgeben müssen, auch wenn der Weg dahin nicht leicht ist und wir Enttäuschungen miteinander erleben werden. Unser eigenes Herz muß heilen und zurückkehren in unser Leben, einschließlich unserer Spiritualität, damit wir Menschen, ihre Kinder, wieder unser Herz für *Pachamama* öffnen können. Es geht nur gemeinsam, und es geht nur gemeinsam mit ihr.

4. Begegnung mit der mythischen Landschaft

Wieder führt mein Weg hinauf in die Berge von Fanes, zu jenen Plätzen, mit denen die Wesen des Neuen Mythos von Fanes so innig verbunden sind, daß es dort ein Leichtes für mich ist, mit ihnen in Kontakt zu treten. Dieses Mal trage ich einen schweren Rucksack, denn ich will eine Nacht an einem dieser heiligen Orte verbringen.

Auf dem wohlvertrauten, heute eher mühsamen Aufstieg schweifen meine Gedanken zurück zu meinem allerersten Besuch in Fanes vor ungefähr zwanzig Jahren, noch bevor mein schamanischer Weg begann. Kurz zuvor hatte ich fasziniert verschlungen, was in Büchern über die Überreste der Fanes-Sage aufzutreiben war. Obwohl mir vieles darin ziemlich ungereimt oder vom jeweiligen Autor dazugedichtet erschienen war, hatten mich die Kernmotive und archetypischen Gestalten darin so tief bewegt, wahrscheinlich so tief wie nichts anderes je zuvor, daß ich unbedingt das gleichnamige Gebiet in den Dolomiten kennenlernen wollte.

Noch heute kann ich mich glasklar an jenes Gefühl erinnern, das diese Landschaft in mir auslöste. Es war ein Schüsselerlebnis insofern, als ich das erste Mal in meinem Leben die Erfahrung machte, daß die mythische Dimension der Landschaft nicht von der physischen zu trennen ist. Ich konnte mit dem besten Willen diese Landschaft nicht einfach als Landschaft sehen; sie war von einem solchen Zauber durchdrungen, daß es mich nicht gewundert hätte, wenn im nächsten Moment hinter dem nächsten Stein eine der mythischen Gestalten aufgetaucht wäre und sich eine der Szenen abgespielt hätte, deren Beschreibung ich gelesen hatte. Die rationale Betrachtungsweise versagte hier kläglich, und dementsprechend konnte die sorgfältige Beschreibung von geologischen Besonderheiten, Flora und Fauna im Naturparkführer in keiner Weise vermitteln, was die besondere Ausstrahlung dieser Hochflächen und Gipfel ausmachte.

Es erschien mir fast als Sakrileg, daß ich mit der Absicht, oder vielleicht eher unter dem Vorwand, eine bestimmte Wand auf einer bestimmte Kletterroute unbedingt durchsteigen zu wollen, hier hergekommen war. Heute weiß ich, daß ich damals der Seele einer Landschaft begegnet bin, die aufs Tiefste in meiner eigenen Seele widerhallt, und daß der Eindruck deshalb so überwältigend war, weil die Überreste des Mythos noch lebendig genug in der kollektiven Seele der Bewohner der angrenzenden Täler war, um in der Landschaft spürbar zu sein. Die Seele dieser Landschaft war sozusagen noch ein wenig wach, nicht so tief in jenen Dornröschenschlaf versunken, den ich anderswo spürte, und deswegen leichter zugänglich.

Weit bin ich gegangen seit jenem denkwürdigen Tag, doch er ist der Anfang eines roten Fadens, der mich schließlich bis zum Neuen Mythos von Fanes geführt hat, erzählt von der lebendigen Landschaft und ihren sichtbaren und unsichtbaren Wesen selbst. Es ist der Mythos von der Rayeta, dem unvergleichlich strahlenden Stein, der beim Untergang des alten Fanesreiches mit ihm verschwand und wiederkehren wird, größer und strahlender als je zuvor und zum Wohle aller Menschen.

Mit jedem Besuch wird dieser Mythos facettenreicher, unwiderstehlicher und mythologischer, für mich und alle anderen, die bereits mit ihm vertraut sind. Er ist, im Gegensatz zu den niedergeschriebenen Versionen der Fanes-Sage, die aus einigen überlieferten Fragmenten hervorgingen, nicht mehr nur eine alte Geschichte von einem verlorenen Paradies mit der vagen nostalgischen Hoffnung auf dessen Wiederkehr, sondern ein Mythos mit vorwärtsgerichteter Dynamik, der uns die Chance gibt, aus den Fehlern der Vergangenheit zu lernen und sie uns zu verzeihen, und uns zugleich den Weg in ein neues Fanes von noch nie dagewesener Blüte weist.

Eigenartig scheint es schon, daß sich ein großer kosmologischer Mythos auf einem relativ kleinen Fleck Erde verkörpern kann. Aber ist das nicht auch für unsere individuelle Seele der Fall, durch die das Allumfassende der Weltseele in der Raumzeit eines winzigen menschlichen Körpers Platz findet?

Doch empfinde ich das geographisch nicht sehr große Gebiet von Fanes keineswegs als kleine Welt. Im Gegenteil, mit dem sich mehr und mehr entfaltenden Mythos ist in meiner Wahrnehmung auch die physische Landschaft gewachsen, entsprechend der Größe der Kosmovision, die in sie eingebettet ist. Das ist ein faszinierendes Phänomen. Machen wir nicht im allgemeinen die umgekehrte Erfahrung, daß uns eine Landschaft kleinräumiger erscheint, je vertrauter wir mit ihr werden?

Auch heute wieder erscheint mir Fanes unverhältnismäßig groß. Vielleicht liegt es an der Multidimensionalität meines Erlebens, wenn ich hier bin. Ich ahne, daß es unendlich viel mehr in dieser vom Mythischen durchdrungenen Landschaft zu entdecken gibt, in der ich mich so sehr zu Hause fühle. Wie könnte es mir je langweilig werden, hier herzukommen, zu den mir so tief vertrauten heiligen Plätzen; jedes Mal ist es, als ob eine neue Tür aufginge ins legendäre kristallene Innere des Heiligen Berges und ich die Erlaubnis erhielte, durch sie in einen mir noch unbekannten Bereich einzutreten. So wird es auch an diesen beiden Tagen und der dazwischenliegenden Nacht wieder sein, vorausgesetzt, daß ich in der Lage sein werde, mich dafür bereit zu machen.

Es fängt jetzt an, heiß zu werden auf dem von der späten Morgensonne beschienenen Hang, den ich hinaufsteige, um zu einem der heiligsten Orte im Universum von Wayna Fanes zu gelangen. Es ist ein ganz besonderer Felsen, und für uns das, was man in der Tradition der Anden als Ursprungs-Waka bezeichnen würde, was so viel bedeutet wie derjenige Ort, an dem das jeweilige Volk einst aus der Erde heraus geboren wurde. Meist handelt es sich bei diesen heiligen Plätzen um einen Felsen, einen Baum, eine Höhle oder eine Quelle, und sie stehen zugleich auch in Verbindung mit den Sternen.

Jedes Mal, wenn ich hier ankomme, spüre ich, daß es wahr ist, daß auch ich einmal hier herausgekommen bin, und damit meine ich nicht meine Vorfahren, sondern tatsächlich mich selbst. Hier könnte ich auch sterben, und es wäre in Ordnung. Tatsächlich habe ich in einer der zahlreichen Nächte, die ich hier verbracht habe, einmal im Traum meinem eigenen Begräbnis beigewohnt, in einer längst vergangenen Zeit.

Wir nennen diesen Felsen den Orakelstein, denn, wer bereit ist, ihm zuzuhören, wird von ihm erfahren, wer er oder sie wirklich ist und was er oder sie in diesem Leben tun soll, um der Bestimmung der eigenen Seele näherzukommen. Meine Aufgabe während meines Aufenthalts hier wird sein, mich von allen Erwartungen, Bestrebungen und anderen ablenkenden Gedanken zu befreien, um tatsächlich die Stimme einer höheren Weisheit hören und verstehen zu können.

Außer Schlafsack und Matte habe ich nur noch ein wenig zu essen und meine Wasserflasche, die ich an der letzten Quelle auf dem Aufstieg gefüllt habe, im Rucksack – und natürlich meine Gaben für die heiligen Orte und ein paar wenige Stücke von meiner Mesa. Darunter befindet sich auch der kleine herzförmige Stein, nach dessen Bedeutung ich hier am Orakelstein fragen möchte.

Als es dämmrig zu werden beginnt und die letzten Stimmen der Wanderer unten auf dem Weg verklungen sind, lege ich meine kleine Mesa aus und beginne mit meinem Ritual. Ich rufe die mythischen Gestalten von Fanes, vor allem diejenige, die in besonderer Weise mit diesem Platz verbunden ist, da sie hier »aufgewacht« ist und ihre Aufgabe angenommen hat. Turmin, einst Prinz von Landro, der die große Gründerin Moltina unterstützt, ist unumstrittener Meister im Hineinhorchen in diesen heiligen Felsen, hat er doch von ihm alles erfahren, was zu tun war, um dem alten Fanesreich eine segensreiche Ordnung zu geben. Seine Präsenz wird mir helfen, selbst offene Ohren zu haben.

Ich sitze eine Zeitlang vor dem Orakelstein und konzentriere mich nur auf ihn. Langsam werde ich immer ruhiger und klarer. Ohne Bilder, Klänge oder Worte erzwingen zu wollen, bleibe ich wach und offen für jegliche Form von Mitteilung von Seiten des Felsens. Auch auf Signale aus der umgebenden Natur achte ich, denn auch so könnte die unsichtbare Welt zu mir »sprechen«. Vorläufig bleibt alles still, doch habe ich noch nie in so hohem Maße gemeinsam mit dem Orakelstein geatmet, pulsiert und empfunden. Es ist eine wunderbare, zeitlose Erfahrung, bis sich ein Frösteln in den Vordergrund meines Bewußtseins drängt und mich aus meiner Versenkung reißt. Ich weiß, meine Zeit, hier zu sitzen, ist jetzt um.

Noch ist eine Antwort auf meine Frage ausgeblieben, doch ich weiß auch, daß mein Kontakt mit der Waka auch in der Nacht fortbestehen wird, wenn ich imstande bin, ihn zu halten. Ich kann nur darauf vertrauen, daß ich träumend oder wachend in der Nacht verstehen werde, was ich zu diesem Zeitpunkt verstehen kann. Schnell krieche ich in meinen Schlafsack und konzentriere mich vor dem Einschlafen noch einmal auf meine Fragen nach der Bedeutung des kleinen herzförmigen Steins, den ich bei mir habe.

Wie immer in diesen Nächten im Freien schlafe ich unruhig; der Untergrund ist uneben und der Schlafsack beengend. Immer wieder wache ich auf und betrachte die überwältigende Schönheit des Sternenhimmels über mir. Jetzt im Sommer und hier oben auf dieser Höhe ist die Milchstraße wunderbar klar zu sehen. Hie und da löst sich eine Sternschnuppe aus ihr. Welch ein Schauspiel von kosmischer Urkraft! Am liebsten möchte ich gar nicht mehr einschlafen und nur stundenlang den Himmel anschauen, doch ich dämmere immer wieder weg.

Jedes Mal, wenn ich wieder aufwache, erneuere ich auch meinen Kontakt mit dem Orakelstein, der geheimnisvoll dunkel oberhalb von mir steht, und auch mit den mythischen Wesen von Fanes und dem Apu *Fanes selbst. Als ich wieder einmal in einen leichten Schlaf gefallen bin, schrecke ich plötzlich auf, so daß ich fast von meiner Matte falle. Was mich aufgeweckt hat, ist ein Licht, das so hell ist, daß es mich fast blendet. Eine leuchtende Gestalt mit erhobenen Armen steht vor mir. Turmin oder Moltina? Der* Apu *selbst in anthropomorpher (menschenähnlicher) Gestalt? Das lichtvolle Wesen hat einen noch viel helleren Fleck auf der Brust, oder vielmehr scheint die Herzgegend vollkommen durchsichtig zu sein – wie aus Glas oder Kristall. Kaum habe ich sie wahrgenommen, ist die Gestalt auch schon wieder verschwunden; sie hat sich wie im Nichts aufgelöst.*

Jetzt bin ich hellwach, und mein Herz klopft wie wild. Habe ich luzide geträumt oder ist dieses Wesen bis in mein Wachbewußtsein vorgedrungen? Ich könnte es nicht sagen. Als ich mich langsam beruhige, die Augen wieder schließe und versuche, die Bedeutung dieser Begegnung zu begreifen, sehe ich auf einmal, wie sich der kleine herzförmige Stein in ein Herz aus perfekt durchsichtigem Kristall verwandelt. Nun kommt das Verständnis mühelos zu mir: Unsere Herzen müssen kristallklar werden, um das Licht des unvergleichlich strahlenden Steins überhaupt aufnehmen zu können; das ist es, wie wir uns auf ihn vorbereiten müssen. Und der kleine herzförmige Stein ist zu mir gekommen, um mich mit der Nase darauf zu stoßen.

»Die Wayna Fanes-Tradition ist die Tradition des kristallenen Herzens«, schießt es mir durch den Kopf. Was für eine unerwartete Verbindung von zwei Qualitäten: Herz und kristallen. »Kristallen« assoziiere ich eigentlich mit »klar« und »kühl«, während »Herz« mich eher an »farbig« und »warm« denken läßt. Das Herz ist die Mitte, und das Kristallene der höheren Bereiche muß anscheinend in diese Mitte gebracht werden, um uns auf diejenige erweiterte Bewußtseinsebene zu bringen, die ich das Rayeta-*Bewußtsein nenne. Das Herz ist maßgeblich, wenn wir Himmel und Erde zusammenbringen wollen, statt zu versuchen, von der Erde in den Himmel zu flüchten. Ich werde dem nachgehen müssen, was es genau bedeutet, ein kristallenes Herz zu haben, und was wir tun sollen, um diesen Zustand zu erreichen, damit wir die Weltseele damit beschenken können, zum Wohl von* Pachamama *und all ihren Kindern. Bewegt greife ich in meine Hosentasche, ziehe den kleinen herzförmigen Stein heraus und flüstere meinen Dank in ihn hinein.*

Am nächsten Morgen setze ich mich noch einmal an den Felsen, um das Erlebte zu verinnerlichen. Heute tauchen ganz von selbst Bilder auf, die sich so in Worte übersetzen lassen:

Unser Herz wird kristallen werden, wenn wir zu Pilgern für die Wiederkehr der *Rayeta*, des unvergleichlich strahlenden Steins, werden, und dabei von ganzem Herzen geben, um darin Platz für die *Rayeta* zu machen. Dann werden wir die heilige hellblaue Flamme der Sehnsucht nach der *Rayeta* dort oben am Grat sehen können, und sie wird auch in unserem eigenen Herzen zu brennen beginnen. Mit unserer Vision vom unvergleichlich strahlenden Stein werden wir diese Flamme weiter nähren und vergrößern, bis die *Rayeta* tatsächlich zurückkehren wird in diese Welt.

*Tief berührt verbeuge ich mich vor unserer Ursprungs-*Waka. *Dann drehe ich mich um und blicke hinaus in die grandiose Landschaft von Fanes. Welch ein Geschenk ist es, mit ihrer Kraft arbeiten und ihrem Mythos neues Leben einhauchen zu dürfen!*

Schamanische Arbeit ist Seelenarbeit, und so wird hier die Welt immer in mythischer Weise betrachtet, denn die Seele ist die Heimat von mythischem Erleben, einer Welt von Bildern, Träumen und auch Dramen, und sie ist die Quelle unserer Kreativität. Die Seele spricht in Metaphern, das heißt in bildhafter Weise; abstrakte Begriffe sind ihr fremd. So spricht auch jede schamanische Zeremonie diese metaphorische Sprache, und zwar durch bedeutungsvolle rituelle Handlungen, bei denen wiederum Bedeutung tragende heilige »Gegenstände« verwendet werden. Auch schamanische Erkenntnis, die in veränderten Bewußtseinszuständen gewonnen wird, kommt in Form von Metaphern zu uns. Diese Erkenntnis in eine abstrakte Sprache zu übersetzen, um sie dem rationalen Denken zugänglich zu machen, ist ein schwieriger, doch für den modernen Menschen notwendiger Brückenschlag.

Die Seele nimmt, wie wir schon im 1. Kapitel gehört haben, eine Mittelstellung im Kontinuum zwischen Geist und Materie ein, hat also Aspekte von beiden. Dementsprechend hat sie Zugang zur sichtbaren wie zur unsichtbaren Welt, wobei es die schamanische Aufgabe ist, zwischen beiden zu vermitteln.

Mythische Wesen gehören dem archetypischen Bereich an, das heißt, sie sind personifizierte Grundkräfte der Seele, die kulturabhängig unterschiedliche Form annehmen, jedoch universell wirksam sind (nach meiner Definition des Begriffs »Archetyp«, der auf C. G. Jung zurückgeht).

Die mythischen Wesen einer Kultur, in der die Erde noch fester Bestandteil des spirituellen Kosmos ist, werden immer an bestimmten Orten in der Landschaft lokalisierbar sein. Man könnte auch sagen, sie bilden die Seele der Landschaft, während deren physische Erscheinungsform der Körper ist, der diese Seele behaust. Nachdem sowohl die Seele einer Landschaft als auch die individuelle und kollektive menschliche Seele verschiedene Aspekte der Weltseele sind, gehören die mythischen Wesen einer bestimmten Landschaft immer auch der Weltseele an, aber natürlich auch den Seelen der menschlichen Bewohner dieser Landschaft. Daher können sich mythische Wesen nicht nur in der Landschaft selbst verkörpern, sondern jederzeit auch menschliche Gestalt annehmen.

Sowohl in der peruanischen Mythologie als auch in der überlieferten Fanes-Sage gibt es beispielsweise mythische Figuren, die sich als große Felsen oder Felsformationen versteinert haben und so zugleich Teil der Landschaft und menschenähnliche Gestalten sind. Natürlich könnte einem dieses Wesen auch jederzeit als Mensch aus Fleisch und Blut begegnen und sich im nächsten Augenblick wieder in Luft auflösen, im Berg verschwinden oder in Tiergestalt davonrennen. Es ist auch möglich, daß die archetypische Kraft dieses Wesens, gespeichert in einem kleinen Stein, einer *Khuya*, die von ihrer Form, Farbe oder anderen Eigenschaften her an dieses Wesen erinnert, in dieser Welt auftaucht. Auch die *Handlungen* der mythischen Wesen können Spuren in der Landschaft hinterlassen, so wie in unserem Mythos all die Felsspalten und bizarr gebogenen Gesteinsschichten auf der Fanes-Hochfläche die Folge eines zerstörerischen »trockenen« Blitzes sind, den die große Zauberin Tsikuta in ihrem Zorn über die herrschenden Mißstände auf das Schloß des »falschen Königs« schleudert.

Dies alles sind Beispiele dafür, wie die metaphorische Sprache der Seele in Mythen verwendet und von Angehörigen einer schamanisch-mythischen Kultur mühelos verstanden wird.

Geht der Mythos verloren, so verliert die Landschaft ihre Seelenqualität, beziehungsweise wird diese von uns nicht mehr erkannt. Die Seele der Landschaft zieht sich immer mehr in sich selbst und von uns zurück. Man könnte auch sagen, die Landschaft schläft ein, und um so mehr wird sie von uns zunehmend als »tote Materie« eingestuft. Umgekehrt fällt sie natürlich in einen um so tieferen Schlaf, je mehr wir sie als leblos wahrnehmen. Alles ist wechselseitig.

Der schlimmste Fall kann eintreten, wenn wir eine Landschaft auch noch grob verletzen, sei es durch Skipisten und Lifte, Kunstschnee-Erzeugung, Sprengungen für Tunnels, Wegbaggern ganzer Hügel, zu viele Straßen, rücksichtslose Verbauung, gar nicht zu reden von Extremen wie der Errichtung eines Kernkraftwerks. Aus schamanischer Sicht besteht dann die Gefahr eines Seelenverlustes, wie er einem Menschen widerfahren kann, wenn er ein traumatisches Erlebnis hat.

Die Dolomiten, Berge von einmaliger Schönheit, die mittlerweile zum UNESCO-Weltnaturerbe erklärt worden sind, befanden sich zu dem Zeitpunkt, als ich die Arbeit mit meinem *Ayllu* begann, in einer Art Dornröschenschlaf. Doch ihre großartigen *Apus* waren noch relativ leicht zugänglich und bereit zu verzeihen. Als mein Lehrer Don Oscar Miro-Quesada sie zwei Jahre nach seinem ersten Besuch wiedersah, zeigte er sich beeindruckt davon, wie viel lebendiger die »Bleichen Berge« geworden waren, und letzthin kam mir sogar eine gleichartige Äußerung eines schamanisch vollkommen unbedarften Touristen zu Ohren.

Doch die Zerstörung schreitet weiter fort, hier wie überall, wo die Natur touristisch ausgebeutet wird, und es erfordert spirituelle Stärke, als winzig kleine Minderheit einen Gegenpol dazu zu bilden, indem wir unsere Heiligen Berge ehren und nähren. Doch andererseits sind wir auch eine Minderheit mit nicht zu unterschätzender Kraft, *weil* wir unsere heiligen Berge ehren und nähren, und meine Vision ist es, daß wir bald viel zahlreicher sein werden.

Am Col di Lana, einem Berg, dessen Körper durch eine gigantische Sprengung im ersten Weltkrieg schwer geschädigt wurde, haben wir den gravierenden Fall eines Seelenverlusts erlebt. Wohl finden dort alljährlich Gedenkfeiern für die gefallenen Soldaten statt (aber auch immer noch Feiern des heroischen Sieges der Gegenseite), aber um den Zustand des Berges scheint sich niemand zu kümmern.

Aus der Sicht der Andentradition ist ein Berg nicht nur Spender des kostbaren Wassers, sondern auch Beschützer der umliegenden Dörfer. Im Buchensteintal ist noch heute eine Bedrücktheit spürbar, die aus meiner Sicht nicht nur mit den wirtschaftlichen Folgen des längst vergangenen Krieges zu tun hat, sondern auch mit dem

Verlust des »ausgezogenen« Berges, zu dem viele Bewohner eine ambivalente Beziehung haben.

Vor einigen Jahren entschlossen wir uns daher, zum Col di Lana zu pilgern und zu versuchen, seine Seele zur Rückkehr zu bewegen. Er erschien uns unendlich hungrig, so gaben wir ihm ein reichliches, mit viel Liebe zubereitetes *Despacho* zu essen. In einer tief empfundenen Zeremonie riefen wir seine Seele zurück – und spürten sie ankommen! Damit sie auf Dauer bleiben kann, muß jedoch eine neue wechselseitige Beziehung zwischen dem Berg und den dort lebenden Menschen entstehen.

Nur ein einziger Mann, der dort geboren und dann weggezogen war, folgte unserer Einladung, auf diese Pilgerschaft mitzukommen. Er war sehr berührt und besuchte auch später wieder den Ort unserer Zeremonie, wo er den Stein fütterte, den wir dort aufgestellt hatten. Nach seiner Aussage hatte sich ganz deutlich etwas verändert; freundlicher und lebendiger erschien ihm die ganze Landschaft. Aber das Wichtigste war, daß seine Seele die des Berges gespürt hatte.

Fanes hingegen scheint den ersten Weltkrieg und auch die Auswirkungen der Schießübungen des italienischen Militärs, die dort noch bis in die 70-er Jahre stattfanden, ganz einfach geschluckt zu haben, mit all seinen Felsspalten und geheimnisvollen unterirdischen Wasserläufen.

Vielleicht war das nur deswegen möglich, weil der Mythos zumindest in Bruchstücken noch lebendig war. So ist es auch zu erklären, wieso ich schon bei meinem ersten Besuch dort, als ich schamanisch noch ganz »unbeleckt« war, in ein mythisches Bewußtseinsfeld eintauchen konnte. Damals wurden die Weichen gestellt: Nachdem wir uns einmal begegnet waren, das bezaubernde Fanes und ich, strebte meine Seele immer wieder dort hin. Vieles, was sich in den folgenden Jahren abgespielt hat, scheint mir aus heutiger Sicht ein Manöver des heiligen Berges Fanes (mit Unterstützung der anderen Dolomiten-*Apus*) gewesen zu sein, um mich dazu zu bringen, in eine besonders tiefe Beziehung der heiligen Wechselseitigkeit mit diesem Heiligen Berg einzutreten. Durch diese schamanische Beziehung mit dem *Apu* Fanes konnte ich schließlich seine weit überregionale Bedeutung erkennen und seinen Mythos, der eine so große transformierende Kraft für die menschliche Seele hat, neu erzählen.

Es gibt Mythen von unterschiedlichem Gültigkeitsanspruch und Zweck. Manche sind in erster Linie für eine bestimmte Stammesgruppe von Bedeutung. Sie beschreiben die Herkunft und das Beziehungsgefüge dieses Stammes im menschlichen wie im nichtmenschlichen Bereich, einschließlich der daraus resultierenden »richtigen« Lebensweise und rituellen Ordnung, die sie zugleich festlegen und legitimieren.

Solche Mythen bestehen meist aus vielen einzelnen, relativ kurzen Geschichten, die jeweils einen Teilbereich der genannten Themen abdecken und sich nicht unbedingt zu einer zusammenhängenden, fortlaufenden Erzählung verbinden lassen. Sie sind von großen epischen Mythen wie etwa die Ilias oder der Gilgamesch-Epos zu unterscheiden.

Diese großen kosmischen Mythen erzählen in erster Linie von der Weltseele und haben die Kraft, Menschen jenseits von kulturellen Grenzen anzusprechen, auch wenn sie – natürlich – in einer bestimmten Landschaft der Erde und bei dem dort lebenden Volk beheimatet sind. Sie berichten vom Entstehen und Vergehen von Welten oder, wie es die Andentradition nennt, *Pachas*, was man vielleicht am treffendsten mit »Raumzeiten« übersetzen könnte. Gleichzeitig erzählen sie von der Entwicklung des menschlichen Bewußtseins durch diese *Pachas* hindurch, und davon, woher wir kommen und wohin wir gehen – oder vielmehr gehen können. Sie zeigen uns, wo unser Platz in der höheren Ordnung des Universums ist, führen uns hin zum Sinn unseres Da-Seins und weisen uns darauf hin, was unsere vom göttlichen Willen zugewiesene Aufgabe ist. Auch warnen sie uns davor, die Fehler der mythischen Vorfahren zu wiederholen und weisen uns den Weg dahin, es mit Hilfe von geläuterten mythischen Wesen besser zu machen, so daß ein neues, blühendes *Pacha* entstehen kann.

Der Mythos von Fanes, wie es auch die Sagenforschung bestätigt, war ursprünglich von diesem Kaliber. Sobald ich das erkannt hatte, wuchs meine Faszination für ihn und seine Landschaft noch mehr, und er drängte sich unaufhaltsam in meine schamanische Arbeit, die aus meiner Lehre in der Andentradition heraus entstanden war. Doch davon später mehr. Worum es mir an dieser Stelle geht, ist, es nachfühlbar zu machen, von welcher Art Begegnungen mit der Natur sein können, wenn wir in ihre mythische Dimension eintauchen.

Als ich das erste Mal mit einer Gruppe im Laufe einer Woche zu allen heiligen Orten in Fanes ging, an denen sich entweder *Apachetas* oder *Wakas* befinden, die mit den Hauptgestalten aus dem Mythos assoziiert sind, schufen wir eine unauflösbare Beziehung zwischen dem von uns mitgestalteten Platz in der Landschaft, dem jeweiligen mythischem Wesen und uns selbst. Wir erzählten den entsprechenden Teil des Mythos an dem jeweiligen Ort, so daß seine Vibration, die Kraft seiner Worte, die Landschaft durchdrang und alle dort versammelten Wesen ihn hörten. In unseren Zeremonien riefen wir die mythischen Gestalten herbei, sangen ihr Lied und luden sie ein, mit uns die Wiedergeburt des Mythos von Fanes zu feiern.

Ritual und Zeremonie sind die metaphorische Seelen-Sprache, die von der unsichtbaren Welt verstanden wird, denn es ist die Sprache, die sie selbst spricht. Deswegen wird es keine schamanische Tradition geben, die sich nicht dieser Sprache bedient. Das gilt für moderne schamanische Traditionen, wie die Wayna Fanes-Tradition, genauso.

Im Zuge unserer Rituale an den mythischen Plätzen von Fanes baten alle Teilnehmer/-innen den Berg um eine *Khuya*, in der die Kraft des Platzes und des dort heimischen mythischen Wesens gespeichert sein würde. Als wir später diese *Khuyas* auf unsere *Mesas* legten, strahlten diese Steine eine fast unglaubliche Lebendigkeit aus. Einige Teilnehmer/-innen waren zum ersten Mal mit uns unterwegs und hatten gerade erst vor ein paar Tagen mit ihrer ersten kleinen *Mesa* begonnen. Kaum waren die zwölf *Khuyas* auf ihr plaziert, ging eine Kraft von diesen *Mesas* aus, wie ich es noch nie bei Anfänger/-innen gesehen hatte.

Außerdem war es offensichtlich, daß alle ihre Wahrnehmung der Landschaft verändert hatten. Am deutlichsten wurde dies bei ihrer Wortwahl: Die Bezeichnungen für den jeweiligen Platz und die zugehörige mythische Gestalt waren austauschbar geworden. Beispielsweise fragte mich jemand: »Kann ich auch im Winter zu Spina de

Mul gehen?« Ein anderes Mal bekam ich auf die Frage, von welchem Platz eine bestimmte *Khuya* stamme, als Antwort: »Das ist Moltina.« In der mythischen Geographie war mit dieser Aussage klar, wo der Stein herkam. Es war in der Tat einfacher, sich den Namen des mythischen Wesens zu merken als die Ortsbezeichnung, und durch die Nennung des Namens entstand der Ort vor dem inneren Auge. Wir hatten alle mythischen Gestalten bei ihrem Namen genannt und an den Ort ihres Erwachens gerufen, und deshalb lebten sie jetzt dort.

Meine eingangs geschilderte Erfahrung am Orakelstein ist ein bemerkenswertes Beispiel dafür, was möglich ist, wenn man in die mythische Dimension der Landschaft eintaucht. Das Zusammenspiel zwischen heiligem Ort in der Landschaft, zugehöriger mythischer Figur und *Khuya* sorgte für eine Sternstunde schamanischer Erfahrung und Erkenntnis und eine bemerkenswerte Begegnung mit der Anima Mundi, der Weltseele. Von der Umsetzung der dort gewonnenen Einsichten soll im Folgenden die Rede sein.

5. Dem unvergleichlich strahlenden Stein den Weg bereiten

Ich habe noch keine Eile mit dem Abstieg, sondern strecke mich erst einmal auf dem Gras aus, das von den Murmeltieren bereits ziemlich abgefressen worden ist und so einen einladenden kurzhaarigen Teppich bildet. Hier lasse ich mich von der Sonne gründlich durchwärmen, was eine besondere Wohltat ist nach einer Nacht mit wenig Schlaf.

Das vom Orakelstein erwähnte schamanische Pilgern kommt mir immer wieder in den Sinn, und ich spiele mit der kühnen Vorstellung, daß all die Wanderer und Mountainbiker, die Fanes im Sommer bevölkern, unsere Apachetas *aufsuchen und ehren würden. Statt einer schnellen Durchquerung des Gebiets auf dem Fahrrad oder einer Gipfelbesteigung wäre es ihr Hauptziel, an einer Apacheta* Pachamama *zu füttern, dabei die Kraft des Ortes tief in sich aufzunehmen und sie zu vermehren. Wie wäre es, wenn der Beutel mit »Apacheta-Futter«, den wir Dolomiten-*Ayllu-*Mitglieder immer bei uns haben, sich in jedem Rucksack befände, der durch Fanes getragen wird? Wie würden sich die abendlichen Gespräche auf der Hütte ändern und wie die Begegnungen miteinander auf dem Wanderweg? Ich spinne meine Vision sogar noch weiter, indem ich mir vorstelle, daß unser ersehntes* Rayeta Wasi, *das* »Rayeta-*Haus«, hier oben mitten im Herzen von Fanes stehen würde.*

Ich sehe es einfach gebaut und harmonisch in die Landschaft eingefügt, nach dem Vorbild der unglaublichen Stein-Kunst der Inka-Architektur. Es würde über einen wunderbaren großen Mesa-*Raum verfügen, in den die neuen Pilger und Pilgerinnen eingeladen wären, um dort an gemeinsamen Zeremonien teilzunehmen. Auch könnten sie, wenn die Wetterbedingungen für einen Apacheta-Besuch ungeeignet wären, im* Rayeta Wasi *in Ruhe meditieren und Kontakte mit Gleichgesinnten knüpfen. Manche von ihnen würden zu Fuß von weit herkommen, während andere nur einige Tage in Fanes verbringen würden. Wir würden mit ihnen zusammensitzen und ihnen den Neuen Mythos von Fanes erzählen, damit sie jeden Ort noch intensiver und seelenvoller erleben könnten – als Ort in der mythischen Landschaft.*

Die Ruta de Wiraqocha, *die große neue Pilgerroute, die Europa von Nordwesten nach Südosten durchqueren soll, würde sich immer deutlicher herausbilden, und Fanes ihr kristallenes Herzstück sein. Ich sehe viele strahlende Gesichter in Fanes ankommen und spüre einen freudigen, lebhaften Wind durch unser leidgeprüftes Europa wehen, der die lastende Schwere vergangener Zeiten endlich wegbläst und das Erbe der Verzweiflungs- und Bußpilgerschaften ein für alle mal hinter sich läßt.*

Auch beim neuen Pilgern würde es natürlich nicht ohne Schwitzen und Anstrengung gehen, doch es würde nicht als Strafe und Leiden empfunden werden. Statt dessen würde die physische Herausforderung des Pilgerns zu einer willkommenen Erfahrung eines menschlichen Wesens, das sich dafür entschieden hat, seine Füße genauso zu benutzen wie seinen Kopf. Dieses Gehen wäre die Erfahrung eines spirituellen Wesens, das anerkennt, daß seine Seele in einem kostbaren menschlichen Körper zu Hause ist, der, aufrecht stehend und gehend, ein idealer Aufenthaltsort für sie ist, da er als Bindeglied zwischen Himmel und Erde dient.

Während ich immer noch auf der warmen Erde liege, wandern meine Gedanken weiter. Ja, wenn es sich nur herumsprechen würde, daß man auch in diesem Geist pilgern kann: um die Erde zu ehren und die Wiederkehr der Rayeta vorzubereiten. Und daß die Ruta de Wiraqocha der richtige Weg dafür wäre! Diese neue Art zu pilgern muß bald in Gang kommen, spüre ich, damit sich unsere Beziehung zur Erde wirklich verändern kann und wir als Menschen auf ihr weiterhin eine Lebensgrundlage haben werden.

Uns Europäern kommt dabei eine besondere Verantwortung zu. Waren nicht wir es, die Mutter Erde aus dem spirituellen Kosmos verbannt und die entsprechende erdverachtende Lebensweise mit all ihren Folgen rund um den Globus verbreitet haben (und es noch weiter tun)? – Wie viele Kulturen haben wir nicht zerstört und den ihnen angehörenden Menschen ihre spirituellen Überzeugungen und Praktiken mit teilweise grausamen Mitteln ausgetrieben? – Es wäre wohl an der Zeit, Ayni wieder herzustellen, indem genau wir die Umkehr machen und ein Vorbild ganz anderer Art für den Rest der Welt darstellen würden. Wenn wir in der Lage sind, das zu tun, wird es genau das sein, was uns von unserer kollektiven Seelenschuld befreien und uns zu neuer Blüte bringen wird.

Ayni ist nichts moralisch Urteilendes; es ist nur das Gesetz der Wechselseitigkeit, des Gleichgewichts zwischen Geben und Nehmen: Wer das Beziehungsgefüge aus dem Gleichgewicht gebracht hat, wird die Aufgabe haben, es wieder in Ordnung zu bringen, und wird dafür natürlich etwas geben müssen. Wer das getan hat, kann erleichtert seinen Seelenweg weitergehen, ohne durch Schuld und Scham an die Vergangenheit gebunden zu bleiben, wodurch weiteres Leiden für sich selbst und andere entstehen würde; seine Kraft steht ihm jetzt für die Gegenwart zur Verfügung – und für eine bessere Zukunft.

Immer wichtiger erscheint es mir, dieses schamanische Pilgern in Gang zu bringen. Statt dessen höre ich ständig vom Jakobsweg und der Renaissance der Pilgerschaft nach Santiago de Compostela, die im Mittelalter eine richtiggehende Massenbewegung war.

Santiago beherbergt zweifellos einen der großen alten heiligen Orte in Europa, über den später die Kathedrale gebaut wurde. Doch mit welcher Geschichte sind Santiago und seine Kathedrale verbunden, welcher Geist weht hier immer noch? – Der Gedanke daran bereitet mir Unbehagen. Das heißt, daß ich mich der Ursache dieses Unwohlseins stellen muß, wenn ich nicht gegen, sondern für etwas arbeiten will.

Wenn mir jemand noch vor kurzem vorgeschlagen hätte, nach Santiago zu reisen, hätte das meinerseits heftige Ablehnung ausgelöst. »Santiago de Compostela – da zieht es mich ganz sicher nicht hin«, hätte ich geantwortet. Nun ahne ich, daß ich genau dort hin muß, daß ich dort etwas zu heilen habe, in mir selbst, aber auch in der *kollektiven Seele Europas. Schamanische Heilung ist Transformation, und eine solche scheint genau in Santiago geschehen zu müssen, bevor Europa sich auf die* Ruta de Wiraqocha *machen kann.*

Beim Abstieg wird es zur Gewißheit. Ich werde versuchen, ein paar Ayllu-*Mitglieder für eine ganz spezielle schamanische Pilgerreise nach Santiago de Compostela zu gewinnen.*

»Dein Herz wird kristallen werden, wenn du zur Pilgerin wirst für die Wiederkehr der *Rayeta*, des unvergleichlich strahlenden Steins, und dabei von deinem ganzem Herzen gibst, um Platz für ihn darin zu machen.« So teilte es mir der Orakelstein mit.

Viele Menschen tun sich schwer mit dem Wort »Pilgern«, es ist besetzt mit bestimmten Vorstellungen von religiös motiviertem Pilgern, wie es die meisten von uns nur aus dem Kontext des Christentums oder allenfalls noch aus den anderen Weltreligionen kennen. Ich kann mich noch gut daran erinnern, wie es auch mir sauer aufstieß, als ich es das erste Mal aus dem Mund meines Lehrers hörte. Eine Vorstellung davon, daß Pilgern ein Teil schamanischer Arbeit sein könnte, hatte ich nicht. Heute benutze ich das Wort ganz selbstverständlich, denn Pilgern, um der Erde *Ayni* zu geben, wie es ihr zusteht, war von Anfang an einer der Schwerpunkte meiner Arbeit mit dem Dolomiten-*Ayllu*, wie ich es bereits zu Beginn des ersten Kapitels beschrieben habe.

Der unvergleichlich strahlende Stein, der im unterirdischen Wasser zu nie vorher dagewesener Größe und Leuchtkraft heranwächst, wird nur dann auftauchen, wenn wir die heilige Erde ehren, in deren Gebärmutter sich sein Körper entwickelt, um aus ihr heraus geboren zu werden. Er wird nicht vom Himmel fallen, nein, er wird aus den unterirdischen Wassern von Fanes aufsteigen, denen er vor langer, langer Zeit anvertraut wurde, und wo er immer noch dabei ist, diejenige Gestalt anzunehmen, die er im kommenden Zeitalter haben wird. Von dort unten wird er also kommen, während sein Spiegelbild am Himmel zu sehen sein wird, bis beide sich vereinen werden.

Himmel und Erde werden im Herzen der Welt zusammentreffen, und damit wird das *Taripay Pacha*, die Raumzeit der Wieder-Begegnung, eingeleitet sein. Das *Taripay Pacha* wird schließlich in die Verheißene Zeit von Fanes überleiten, die man als goldenes, oder, wie wir noch hören werden, treffender als gold-silbernes Zeitalter beschreiben könnte. Das ist die Vision von *Wayna Fanes*, die sich im Wesentlichen mit dem andinen Schöpfungsmythos deckt, wie er von einem der großen Meister der peruanischen Hochlandtradition, Don Benito Coriwaman Vargas, an meinen Lehrer Don Oscar Miro-Quesada weitergegeben wurde. In den Anden ist die Schöpfung kein einmaliger, abgeschlossener Vorgang, sondern dauert immer noch an, und daher umfaßt der Schöpfungsmythos auch das, was wir als die Zukunft bezeichnen.

Das heißt, wenn ich die mythischen Bilder dieser Vision »übersetze«, daß sich das Tor zu einem umfassenderen Bewußtseinszustand, oder dem *Rayeta*-Bewußtsein, nur dann öffnen kann, wenn wir die Erde wieder in unseren spirituellen Kosmos aufnehmen und eine neue, bewußte Beziehung der heiligen Wechselseitigkeit mit ihr eingehen, im Wissen, daß zu allem, was auf der Erde materielle Form annimmt, auch ein

Gegenstück beziehungsweise eine Vorlage in Geistform existiert, da sich beide auf demselben Kontinuum befinden. Dieses »höhere«, kristallklare Bewußtsein wird sich jedoch nicht im Kopfbereich konzentrieren, sondern durch unser Herz wirken, das die Mitte zwischen Himmel und Erde bildet.

Mit der Absicht zu pilgern, selbst einen Teil dazu beizutragen, daß die Vision von der *Rayeta* gelebte Realität auf *Pachamama* wird, unterscheidet sich deutlich vom herkömmlichen Pilgern, dessen häufigste Motive individuelle Selbstfindung, persönliche spirituelle Erfahrung und Heilung oder – auch das gibt es immer noch – das Abbüßen von Sünden sind. Diese letztere Art zu pilgern, die meistens von Menschen mit einem mehr oder weniger stark ausgeprägtem christlichen Hintergrund praktiziert wird, ist in letzter Zeit wieder stark in Mode gekommen und spielt sich zum großen Teil auf dem sogenannten Jakobsweg und seinen Zubringerrouten ab, von denen ständig neue entdeckt zu werden scheinen, denn auch der Tourismus will natürlich von der neuen Pilgerwelle profitieren.

Viele Menschen, die auf diesen Wegen gehen, wissen nichts oder wenig über die Geschichte der Pilgerschaft nach Santiago und die damit verbundenen kirchenpolitischen Schachzüge. Sie wissen daher in der Regel auch nicht, vor welchen Karren sie sich ungewollt spannen lassen, wenn sie durch ihr Pilgern, selbst wenn ihre Motive ganz persönlicher Natur sind, dazu beitragen, das entsprechende Bewußtseinsfeld weiter am Leben zu erhalten. Wohlgemerkt sage ich damit nicht, daß diese Pilgerrouten »schlecht« sind, sie sind nur aufgrund ihrer Geschichte, aufgrund des Mythos, der auf ihnen lebendig geblieben ist, zum jetzigen Zeitpunkt denkbar ungeeignet, um der europäischen Seele und der Seele der Menschheit weiterzuhelfen, das heißt, um die gegenwärtige Bewußtseinskrise zu überwinden.

Unsere Seele muß jetzt andere Wege gehen, um zu genesen, davon bin ich überzeugt. Wer in einem neuen Bewußtsein pilgern will, sollte dafür lieber eine neue Route auf *Pachamamas* Körper wählen. Neue, jedoch möglicherweise noch viel ältere Pilgerwege einzuschlagen, die von einem anderen, transformierenden Mythos geprägt sind, heißt, sich für das Licht des unvergleichlich strahlenden Steins bereitzumachen und den Entschluß zu fassen, der Verheißenen Zeit *entgegen*zugehen, anstatt vor einer enttäuschenden Welt davonzulaufen.

Bewußt diese andere Route zu gehen ist eine ungeheuer kraftvolle rituelle Handlung und als solche eine bedeutsame Weichenstellung für den Kurs, den die Weltseele jetzt in dieser Zeit des Wandels einschlägt. Von der neuen Pilgerroute, der *Ruta de Wiraqocha*, für deren Aktivierung ich hier eintrete, wird noch ausführlich die Rede sein.

Beim neuen schamanischen Pilgern, wie ich es nennen will, geht es darum, für ein transpersonales Ziel zu gehen und zu geben, denn es ist, wie jeder echte schamanische Weg, ein Weg des Dienens. Das ist der fundamentale Unterschied zwischen dieser Art zu pilgern und der oben beschriebenen.

Natürlich wird es auch beim neuen schamanischen Pilgern einen persönlichen Gewinn geben, ja, es ist zwangsläufig so, wenn man um den Gewinn des Gebens von Herzen weiß, den Gewinn für die Seele, nicht für das Ego. Sobald wir »Selbstfindung«

und »Heilung« in einem umfassenderen, transpersonalen Sinn verstehen, sind die Chancen dafür beim neuen schamanischen Pilgern sogar wesentlich höher als beim herkömmlichen Pilgern. Geht es um die Heilung und Entwicklung unserer unsterblichen Seele, was so viel heißt wie, zu ihrer Bestimmung und zugleich tiefsten Sehnsucht vorzudringen, dann kann mit »Selbstfindung« sicher nicht das im Personalen verhaftete, kleinliche und kurzsichtige Ego gemeint sein.

Geben ist eine Handlung, die *per se* über das personale Selbst hinausführt und deswegen ein so potentes Mittel, um die spirituelle Entwicklung eines Menschen zu fördern. Geben, »weil man es soll«, »weil man dann gut ist«, um bei Gott oder Göttin Punkte zu sammeln, um sein Karma zu verbessern oder aus Angst davor, bestraft zu werden, falls man es nicht tut, ist hier allerdings nicht gemeint. Sind dies die Motive für unser Geben, so wird es keinesfalls eine transpersonale Entwicklung in Gang setzen, sondern eher zu einem Verharren auf einer Stufe der Ego-Entwicklung führen, die von einer kindlichen Moral von »Gut und Böse« beziehungsweise »Richtig und Falsch« geprägt ist.

Beim neuen schamanischen Pilgern ist das Herz die treibende Kraft für unser Geben, unser Herz für *Pachamama* und alle ihre Kinder. Es ist ein freudiges Sich-Hergeben für etwas Wunderbares, nachdem sich unsere Seele sehnt, und zwar im Bewußtsein dessen, daß sie untrennbar mit der Weltseele verbunden ist.

Ersatzbefriedigungen, nach denen das personale Ego-Selbst so sehr strebt, wie zum Beispiel Besitz, Vergnügungen oder ein konsumorientierter Urlaub herkömmlicher Art, verlieren schnell ihre Anziehungskraft, wenn wir einmal die tiefe Freude gespürt haben, zu etwas beitragen zu dürfen, was Sinn und Wert über unsere persönliche Existenz hinaus hat. Die Sehnsucht nach der *Rayeta*, dem unvergleichlich strahlenden Stein, hat die Kraft, uns zu ziehen und uns so von dem Gefühl der Fremdbestimmtheit zu befreien, aus dem heraus wir uns ständig unter Druck gesetzt fühlen.

Im Gegensatz zu Angehörigen einer Stammeskultur, die meist wahrhaft unter dem Druck zu überleben stehen, scheint es kennzeichnend für moderne westliche Menschen zu sein, immer und überall Druck zu spüren: Da gibt es Leistungsdruck, finanziellen Druck, Erfolgsdruck, Beziehungsdruck, Schönheits- und Gesundheitsdruck – und einige empfinden sogar Druck von Seiten ihres spirituellen Lehrers oder ihrer spirituellen Lehrerin in einem freiwillig eingegangenen Lehrverhältnis!

Nach meiner Erfahrung hat die Angst vor zu viel *Druck* in der Regel mit einem Mangel an *Zug* zu tun. Wie gesagt, was uns zu ziehen vermag, ist die Sehnsucht unserer Seele. Solange wir jedoch dem Ego erlauben, uns zu beherrschen, können wir nicht sehen, daß der sogenannte Druck der Lehrerin oder des Lehrers dazu da ist, das Ego kapitulieren zu lassen, um dadurch überhaupt zur wahren Sehnsucht unserer eigenen Seele gelangen zu können.

Doch zurück zum Geben von Herzen. Man könnte fragen, was hier das Huhn ist und was das Ei: Muß man bereits einen umfassenderen Bewußtseinszustand erreicht haben, um in der Lage zu sein, aus einem tiefen Bedürfnis des Herzens heraus zu geben, und ohne danach zu verlangen, sofort etwas dafür zurückzubekommen? Oder ist es so, daß man einen solchen Bewußtseinszustand erreicht, indem man einfach versucht, in dieser Weise zu geben, weil es für unseren Verstand Sinn macht? Oder ist es nur eine Frage der Willenskraft, das eigene Herz dafür öffnen zu können? Die eigentliche Bedeutung des Quechua-Wortes *Munay*, das meist mit »Mitgefühl« oder »bedingungslose Liebe« übersetzt wird, ist eigentlich: »liebender Wille«. Leiden wir also einfach an einem Mangel an *Munay*?

Nach meiner Erfahrung als *Curandera* ist oft zunächst eine Heilung von verschlossenen oder verletzten Herzen notwendig, um den Widerstand des Ego gegen die Idee des Gebens zu durchbrechen. Solange sich ein Mensch zu bedürftig fühlt oder ihm die Idee von *Ayni* gänzlich fremd ist, wird er schwer davon zu überzeugen sein, daß es ihm helfen könnte, zu geben. Für manche ist es außerdem eine unüberwindliche Barriere, *Ayni* in Form von rituellen Fütterungen mit materieller Nahrung zu geben, während das Senden von Gedanken oder Visualisierungen noch akzeptabel wären. Wie wir bereits wissen, ist jedoch genau das materielle Geben notwendig, um zurückzufinden zur Heiligkeit der Erde, Mutter aller Materie.

Natürlich werde ich einem Mensch, der ausgehungert ist nach Liebe, diese reichlich geben und mich bemühen, mit den Mitteln der *Mesa*-Arbeit die Wunden der Vergangenheit zu heilen. Und denjenigen, die mit Fütterungen der Erde ihre Schwierigkeiten haben, werde ich nicht nur über ihren Verstand, sondern hauptsächlich auch durch das Schaffen von Situationen im gemeinsamen Ritual an der *Mesa*, die dazu angetan sind, ein verhärtetes Herz weich werden lassen, zu helfen versuchen. Doch kann die heilsame Veränderung auch dadurch eintreten, daß ein Mensch, wenn auch noch skeptisch, sich entschließt, auf schamanische Pilgerschaft mitzugehen, und sich dabei plötzlich und unerwartet eine Tür in seinem Herzen öffnet, die eine neue Erfahrung des Gebens möglich macht, deren Kraft sich nun nicht mehr verleugnen läßt. Sein *Munay* ist erwacht. Das ist speziell dann möglich, wenn die Pilgerschaft zu einem bereits wohl aktivierten und beschenkten heiligen Ort hinführt und in Begleitung einer Gruppe stattfindet, in der zumindest ein Teil der Mitglieder voll und ganz mit dem Herzen zu geben vermag. Mit anderen Worten: Wenn ein Bewußtseinsfeld von entsprechender Stärke bereits vorhanden ist, kann eine spontane Transformation passieren. Die Hingabe der anderen schamanischen Pilger ist spürbar und wirkt genauso wie die Kraft und Schönheit des Platzes und seine mythische Bedeutung.

Eines ist also klar: Es geht nicht ohne *Munay*, doch manchmal wird man es erst auf dem Weg finden, auf den man sich zunächst aufgrund einer mehr rationalen Entscheidung gemacht hat. Bereits den erstrebten Bewußtseinszustand erreicht zu haben, ist keineswegs die Voraussetzung dafür, um diesen Pilgerweg einzuschlagen. Der Aufbruch kostet jedoch meistens einige Überwindung. Gewohntes und Bequemes muß zurück gelassen werden, und man weiß nicht, was einen alles erwartet. Ängste können auftauchen und müssen überwunden werden. Es hilft nur das Vertrauen in den Weg und in diejenigen, die uns auf ihm begleiten werden. Dann tritt spannungsvolle Erwartung und Offenheit für neue Erfahrungen an die Stelle von Angst.

Um den Aufbruch tatsächlich zu wagen, ist die Bereitschaft für Veränderung nötig, ja manchmal sogar der Zusammenbruch des Gewohnten. Wenn nichts mehr funktioniert, was gibt es dann noch zu verlieren? Ich glaube, wir sind nicht nur als Individuen, sondern als Gesellschaft kurz davor, an diesem Punkt zu stehen.

Welche sind nun die Pilgerwege, an denen heilige Orte gelegen sind, die dazu geeignet sind, uns zu helfen, in das Bewußtseinsfeld des kristallenen Herzens einzutauchen? – Wohin sollen wir pilgern für das neuerliche Auftauchen des unvergleichlich strahlenden Steins? – Diese Frage führt uns zurück zur *Ruta de Wiraqocha* als Alternative zur populären Pilgerschaft nach Santiago de Compostela.

Die peruanische Tradition spricht von der *Ruta de Wiraqocha* als einem Pilgerweg, der das alte Inkareich ungefähr von Südosten nach Nordwesten durchquert, sich jedoch darüber hinaus rund um die Erdkugel fortsetzt. Ohne im Detail auf ihren Verlauf, wie er mir von meinem Lehrer Don Oscar Miro-Quesada mitgeteilt wurde, eingehen zu wollen, möchte ich die Bedeutung dieser Route etwas näher erklären.

Ihr Name rührt daher, daß nach der mythischen Überlieferung der Inkas die Schöpfergottheit *Wiraqocha* einst in menschlicher Gestalt (auch unter dem Namen *Thunupa*) auf die Erde kam und eine neue Ordnung schuf, auf deren Grundlage dann das Inkareich entstand. *Thunupa-Wiraqocha* war der Weltlehrer, der *Pacha Yachachiq*, dieses Zeitalters. Als er seine Aufgabe auf Erden erfüllt hatte, wanderte er, vom Titicacasee her kommend, in nordwestlicher Richtung weiter, um schließlich, an der ecuadorianischen Küste angekommen, den Kontinent zu verlassen. Von dort konnte man sehen, wie er sich, über das Meer gehend, immer weiter entfernte, um schließlich diese Welt wieder zu verlassen.

Eine Prophezeiung besagt, daß *Wiraqocha* am Ende des nächsten großen *Pachakuti* (der Weltumkehr) über diese göttliche Reiseroute wiederkommen wird, aber dieses Mal von Nordwesten her, also aus derjenigen Richtung, in die er einst verschwand, und im Unterschied zu damals dieses Mal in weiblicher Gestalt. Das wird der Moment der Ankunft einer neuen Weltlehrerin sein, die das *Taripay Pacha*, des Zeitalter des Wieder-Zusammenkommens, einleiten wird. Von dieser Weltlehrerin wird gesagt, daß sie mit Menschen aller Rassen zusammentreffen und mit ihnen Brot brechen wird. Der erwähnte *Pachakuti*, der uns, wenn wir das unsere dazu beitragen, ins *Taripay Pacha* führen kann, ist schon länger im Gange und wird auch noch einige Zeit andauern.

Aus dem Gesagten wird deutlich, daß es sich hier nicht um eine mythische Geschichte handelt, deren Bedeutung auf eine einzelne Stammesgruppe beschränkt ist, sondern um einen großen kosmologischen Entwurf, der wortwörtlich die Erdkugel umspannt und höchstwahrscheinlich noch viel ältere Wurzeln als die uns bekannten Andenkulturen hat. Diese noch ältere Kultur, wo auch immer sie angesiedelt war, hatte offensichtlich Kenntnis von einem großen Teil des Erdballs und von Reiserouten auf ihm, die sowohl über das Wasser als auch über das Land führten. Und möglicherweise kam der Fanes-Mythos in seiner ursprünglichen Form über die *Ruta de Wiraqocha* von Kleinasien in die Dolomiten, wo er eigenartigerweise in Bruchstücken erhalten geblieben ist.

Doch kommen wir zurück zu *Wiraqochas* angekündigtem neuerlichem Besuch auf der Erde in weiblicher Gestalt.

Wenn man die mythischen Bilder in abstrakte Begriffe übersetzt, handelt es sich um das Eintreffen eines geistigen Einflusses, der mit Bezeichnungen wie »göttlich weibliches Bewußtsein«, »lunares Bewußtsein« oder »Sophia« (höchste weibliche

Weisheit) umschrieben werden könnte. Im Sinne des Ausbalancierens von Polaritäten, das ein Grundkonzept andiner Spiritualität ist, muß diese weibliche Kraft eintreffen, um das Übermaß an männlichem oder solarem Einfluß auszugleichen, das für das jetzt zu Ende gehende *Pacha* kennzeichnend war. Daher wird es auch als Teil dieses *Pachakuti* angesehen, daß sich der spirituelle Pol der Erde von Tibet in die südlichen Anden verlagert, wobei die Anden als der weibliche und der tibetische Himalaya als der männliche Pol angesehen werden.

Es ist mir wichtig, in diesem Zusammenhang zu sagen, daß die Notwendigkeit der beschriebenen Veränderung kein Werturteil bezüglich männlicher und weiblicher Qualitäten oder solarem und lunarem Bewußtsein bedeutet. Nichts läge dem ursprünglichen andinen Weltbild ferner als das. Doch ist auch das letztlich nicht ausschlaggebend, denn warum sollte die andine Kosmovision überhaupt von Interesse für uns sein? Ausschlaggebend ist die Relevanz dieser Kosmovision für die Situation der Menschheit in unserer Zeit. Wenn wir dieses Kriterium anwenden, ist es augenscheinlich, daß eine Wertung von lunarem und solarem Bewußtsein uns auf keinen Fall weiterbringen kann, denn wie könnte sie mit einer spirituellen Erweiterung unseres Bewußtseins vereinbar sein? – Es geht vielmehr darum, daß die Welt aus dem Gleichgewicht geraten ist und dieses wieder hergestellt werden muß.

Daß die neue Weltlehrerin mit Menschen der ganzen Welt Brot brechen wird, bedeutet, daß sie die Seele der gesamten Menschheit mit ihrem Geist durchdringen wird. In den Begriffen des Fanes-Mythos ausgedrückt könnte man auch sagen, daß das *Rayeta*-Bewußtsein auf alle Menschen übergehen wird, denn auch die *Rayeta* wird von einer weiblichen göttlichen Gestalt, Dolasilla-Luyanta, empfangen und mit allen Menschen, Frauen wie Männern, geteilt werden, so daß *Rayeta*-Licht aus ihren kristallklar gewordenen Herzen strahlen wird. Ist das geschehen und damit das solilunare Gleichgewicht wieder hergestellt, können wir wahrlich von einem gold-silbernen Zeitalter sprechen, einem *Qoriqolqe Pacha*, das anbrechen wird. Die große zentrale Sonne, das heißt die Lichtquelle dieses neuen Zeitalters, wird also eine *Intikilla*, eine Mondsonne, sein.

Wir sollten uns also besser die Weltlehrerin nicht als einen neuen, dieses Mal weiblichen Messias vorstellen, sondern als eine bewußtseinsverändernde Kraft, die für uns alle bestimmt ist und durch uns alle wirken wird.

Doch dieser wünschenswerte Ausgang des großen *Pachakuti* ist keinesfalls gewiß. Wir müssen in der Lage sein, dieser ungeheueren Kraft standzuhalten, die auf uns einströmt, sonst wird sie uns überrollen. Das bedeutet, daß wir uns auf sie einstellen und ihr den Weg in diese Welt herein bereiten müssen, damit wir ihre manchmal stürmische Art zu erscheinen moderieren und handhaben können. Was könnte besser dafür geeignet sein als neues schamanisches Pilgern entlang der *Ruta de Wiraqocha*, das unser Herz kristallklar werden läßt, aufnahmebereit für die *Rayeta*, und das Herz von *Pachamama* selbst zum Strahlen bringt?

In Europa verläuft diese Route, so wie in Südamerika, von Nordwesten nach Südosten. An ihrem nordwestlichen Ende liegen die großen alten heiligen Stätten von Stonehenge und Avebury in England, ihr Herzstück sind die Dolomiten und speziell

Fanes, und ihr südöstlicher (europäischer) Endpunkt liegt in der südöstlichen Türkei im Gebiet von großartigen und uralten, erst vor kurzem wiederentdeckten heiligen Stätten wie zum Beispiel *Göbekli Tepe*.

Wollen wir die manchmal etwas ungestüme göttlich weibliche Kraft, die der Nordwestwind herweht, und die zu unterscheiden ist von der mütterlichen Kraft *Pachamamas*, willkommen heißen, so machen wir uns lieber auf jenen Weg, anstatt mit einer fragwürdigen Idee von Selbstfindung im Gepäck die alte Pilgerroute aus dem Mittelalter wiederzubeleben. Daß diese teilweise entlang von *Leylines* verlaufen soll, ist für sich allein genommen kein Argument für ihre Relevanz in dieser Zeit. Aus einer bewußtseinsorientierten Sicht der Dinge heraus ist sie die Hauptroute einer zu Ende gehenden, vom männlichen Pol geprägten Spiritualität, und so erscheint es wenig nützlich, sie mitten in diesem *Pachakuti* neu zu beleben. Der gegenwärtige Boom des Pilgerns auf ihr kommt allerdings denjenigen Kräften sehr gelegen, die um jeden Preis an dieser Art von Spiritualität festhalten wollen und damit bewußt oder unbewußt zu verhindern versuchen, daß die Welt zu einem neuen Gleichgewicht findet.

Die Linien, um die es mir geht, sind von *Leylines* zu unterscheiden. In der Andentradition sind sie als *Seq'es* bekannt. Sie werden durch schamanisches Pilgern und Zeremonien an bestimmten kraftvollen Punkten auf ihnen, wie z. B. *Apachetas*, aktiviert, und sind Linien des Bewußtseins, die wir selbst mit-erschaffen und lebendig erhalten, und nicht Teil eines energetischen Gitternetzes auf der Erdoberfläche, das unabhängig von uns existiert.

Natürlich ist es wesentlich einfacher, *Seq'e-Linien* zu etablieren, wenn man sie den Gegebenheiten der Landschaft entsprechend anlegt, so wie sie spürbar in ihr verlaufen wollen, was teilweise mit geomantischen Prinzipien übereinstimmt. Doch prinzipiell sind sie keine Leylines, sondern Fäden, mit denen wir Menschen unserer Mutter Erde ein Lichtgewand weben. In den Dolomiten hat dieses Gewebe bereits eine solide und reich gemusterte Struktur.

Beginnend mit den Wegen, die das Dolomiten-*Ayllu* schon viele Jahre und mit viel Herz gegangen ist und entlang von ihnen alte und neue heilige Orte geehrt und bereichert hat, kann sich die neue Pilgerroute allmählich in beide Richtungen ausdehnen, so daß die *Ruta de Wiraqocha* in Europa zu gelebter Realität werden wird.

In meiner Vision sehe ich mehr und mehr Menschen auf ihr pilgern und gemeinsam der Seele der Landschaft begegnen, die sie durchqueren, und mit einem kristallklaren Herzen, in dem die hellblaue Flamme der Sehnsucht nach dem unvergleichlich strahlenden Stein brennt, nach Hause zurückkehren. Ich sehe das *Rayeta Wasi* im Fanesgebiet, das als zentraler heiliger Ort der Route zahlreiche Gäste empfängt und wo die Kraft einer großen planetaren *Mesa* ständig wächst, sowohl durch kontinuierliche Arbeit von kompetenten Praktizierenden der Wayna Fanes-Tradition als auch durch gemeinsame Zeremonien mit den Pilgern, die sich dort auch selbst in der Tradition ausbilden lassen können.

Diese Vision, für deren Manifestation ich mich mit all meinem *Munay*, meinem liebenden Willen, einsetze, ist ganz im Sinne der Feststellung von Rupert Sheldrake, daß sich unser bisheriger Tourismus in Pilgerschaft verwandeln muß, wenn wir die

Heiligkeit der Erde wiederfinden wollen. Denn es ist kennzeichnend für die Haltung von neuen schamanischen Pilgern (jedoch nicht unbedingt von herkömmlichen, hier stimme ich Sheldrake nicht ganz zu), daß sie in erster Linie dem besuchten Ort etwas bringen wollen, während Touristen in der Regel kommen, um etwas von dort mitzunehmen.

Wenn es soweit sein wird, daß mehr Menschen pilgern als auf die herkömmliche Art Urlaub machen, wird auch der Anbruch des *Taripay Pacha* nicht mehr in weiter Ferne liegen. Denn wer von dieser Pilgerschaft zurückkehrt, wird nicht mehr so leben wollen wie vorher, seine oder ihre Beziehung zur Erde und ihren Kindern wird sich so tiefgreifend verändert haben, daß der Boden für die Ankunft der Weltlehrerin bestens bereitet ist.

Fassen wir noch einmal zusammen: Durch neues schamanisches Pilgern wird sich unsere Beziehung zur Erde erneuern, so daß unser spiritueller Kosmos wieder vollständig wird. Damit verändert sich unsere eigene Position in diesem Kosmos dahingehend, daß wir unser Herz als Mitte zwischen Himmel und Erde wahrnehmen. Es wird zum Zentrum unseres Bewußtseins, sobald es durch großzügiges, freudiges Geben so kristallklar geworden ist, daß die blaue Flamme der Sehnsucht nach der *Rayeta*, die aus tiefster Seele kommt, in ihm zu brennen beginnt. Damit sind die Voraussetzungen dafür geschaffen, daß die bewußtseinserweiternde Kraft, die von der Weltlehrerin, der *Pacha Yachachiq*, ausgeht, in es aufgenommen werden kann, und das heißt, daß der unvergleichlich strahlende Stein jeden Moment auftauchen und durch ihn Himmel und Erde in unserem Herzen zusammenkommen können. Und diese Wieder-Begegnung ist es, aus der heraus ein neues *Pacha* geboren werden wird.

6. Die Reise zur verletzten Seele Europas

Womit assoziiere ich Santiago de Compostela, was löst meine zwiespältigen Gefühle gegenüber dieser Stadt aus? – Es birgt zweifellos eine der bedeutendsten uralten heiligen Stätten Europas, aber es steht auch für die Geschichte von skandalösen politischen Manövern der katholischen Kirche und von einem Apostel, der zuerst zu einem Pilger und dann zu einem Krieger gemacht wurde, sowohl in der Reconquista Spaniens als auch in der Eroberung von Peru und schließlich in der Gegenreformation. Und es steht für die Geschichte einer lebensverneinenden Auffassung von Pilgerschaft, die kaum jemals in Frage gestellt wird.

Das unglaublichste ist jedoch, daß diese Geschichte immer noch weitergeht: Im Jahr 2010, als eine besondere »schamanische Reise« mich dorthin führte, versprach der Papst all jenen Ablaß, die dorthin pilgerten. Obwohl unter seriösen Forschern praktisch kein Zweifel besteht, daß Santiago (der Apostel Jakobus) nie in Spanien war, weder lebendig noch tot, pilgern jährlich Tausende Menschen mit den verschiedensten Beweggründen auf dem Jakobsweg nach Santiago, wobei sich die meisten von ihnen nie ernsthaft mit der Geschichte dieser Pilgerschaft auseinandergesetzt haben und daher auch nicht wissen, daß sie der katholischen Kirche helfen, eine riesige Lüge aufrechtzuerhalten. Die berühmte Schlacht, in der Santiago auf einem weißen Pferd erschienen sein soll, um zu helfen, »Heiden« zu töten, hat ziemlich sicher nie stattgefunden.

Es ist Zeit für die Ruta de Wirqocha *in Europa, um dem Geist der neuen Weltlehrerin den Weg in diese Welt herein zu bahnen, jener göttlich weiblichen Kraft, die unser Bewußtsein erweitern und in ein neues Gleichgewicht bringen wird. Es ist höchste Zeit dafür, sie bekanntzumachen als Alternative für die im Augenblick so populäre Wiederbelebung einer mittelalterlichen Pilgerbewegung, die auf einem frühchristlichen Verständnis von Pilgerschaft als einem Weg aus diesem leidensvollen Leben hinaus beruhte, nach dem Pilgern gleichbedeutend war mit einer Reise weg von dieser Welt, die nicht als unsere Heimat angesehen wurde. Allmählich wurde sie dann zu einer Pilgerschaft der Verzweiflung und diente schließlich auch noch dem Anwerben von Kämpfern in einem »heiligen Krieg«.*

Ich wünschte, wir könnten den Menschen in Europa schon jetzt eine lückenlose neue Pilgerroute anbieten, die unter einem anderen Stern steht. Wie wäre es, wenn wir uns auf den Weg von Nordwesten nach Südosten machen würden, im Geist eines Pilgerns für das Leben, um die Heiligkeit von Pachamama *zu ehren, um sie an jeder* Waka *und* Apacheta *zu füttern? Brauchen wir dazu ein Wunder, das wir anpreisen können, so wie es einst in Santiago war, damit dieser neue Weg für die Menschen attraktiv wird? – Könnten wir es überhaupt verantworten, etwas dergleichen mit Fanes zu tun? – Würden wir nicht unseren kostbarsten Schatz billig verkaufen? – Könnte es nicht einfach Sinn machen, so zu pilgern, würde es nicht unsere tiefste*

Sehnsucht ansprechen, und daher keine wundersame Geschichte benötigen, um in Gang zu kommen?

Doch natürlich, die Seele will solche Geschichten, und es schert sie wenig, ob sie auf tatsächlich bezeugten Ereignissen beruhen oder nur gut erfunden sind. Wundersame Dinge haben wir eigentlich schon viele Male erlebt in Fanes, doch das Wundersamste ist zweifellos der Mythos selbst und seine Lebendigkeit in der Landschaft. Könnte es für heutige Menschen ausreichend sein, in Erwartung eines solchen Erlebnisses ihre Wanderung anzutreten und in der Überzeugung, daß es ganz einfach das Richtige ist, die Erde auf ihrem Weg zu ehren und zu füttern?

Fragen über Fragen tauchen auf, als ich mich – nach wie vor mit gemischten Gefühlen – an meiner Mesa auf diese eigenartige Pilgerreise vorbereite. Vorfreude kommt eigentlich keine auf, eher Zweifel an unseren Chancen, tatsächlich etwas zu bewirken, so allein auf weiter Flur, wie wir mit unserem Anliegen sind. Werden wir fünf jungen Fanes wirklich in der Lage sein, das dunkle Erbe von Santiago de Compostela zu transformieren und damit zugleich die europäische Seele von einem großen Teil ihrer Anhaftung an das Leiden zu befreien, und werden wir genügend Kraft haben, um die Seele der Menschheit mit einem wirkungsvollen Ritual der Versöhnung zwischen den Völkern der Anden und den Europäern ein Stück heiler zu machen? – Sind wir vermessen? – Wir haben uns nicht gerade wenig vorgenommen!

Das Wissen um die Unterstützung des ganzen Ayllu zu Hause gibt mir einen soliden Rückhalt. Aber vor allem ist es in dieser Situationen wichtig für mich, mir darüber im klaren zu ein, daß wir es nicht selbst tun können, sondern voll auf unsere schamanischen Verbündeten vertrauen müssen, die uns zu dieser Reise gedrängt haben und mit uns dort sein werden. Wir können nur die bestmöglichen Werkzeuge für ihre heilsamen Absichten sein, in einem Moment, in dem offensichtlich die Tür dafür einen Spalt weit offen ist. Durch diesen Spalt müssen wir schlüpfen und ihre Kraft dem heiligen Ort übermitteln – und durch ihn wiederum den betroffenen Aspekten der kollektiven menschlichen Seele.

Ich bin es vor allem Don Benito Coriwaman Vargas schuldig, meinem großen Lehrer aus der peruanischen Tradition, der, auch wenn er diese Welt schon vor längerem verlassen hat und sich mir nur einmal hier in den Dolomiten in physischer Form gezeigt hat, mir stets zur Seite steht, und zwar mit all seinen Facetten: seinem Witz, seiner Deftigkeit, seiner Zartheit, seiner unglaublichen magischen Kraft, seiner tiefen Verinnerlichung, seinem Weitblick und seiner Fähigkeit, unerwartete Situationen zu schaffen, in denen plötzliche heilsame Transformationen möglich werden. Als Don Benito noch in diesem Pacha weilte, oder zumindest zeitweise dort in menschlicher Gestalt anzutreffen war, ließ er meinen Lehrer Don Oscar wissen, daß er die Vision von der Versöhnung zwischen seinem Volk und den Europäern, insbesondere den Spaniern, habe. Dazu sei es notwendig, daß eine Vertreterin oder ein Vertreter seiner Traditionslinie nach Santiago de Compostela reise und dort die notwendigen Zeremonien ausführe.

Als Don Oscar mir dies anvertraute, hatte ich bereits eine Ahnung, daß es möglicherweise meine Aufgabe sein könnte, diesen Auftrag auszuführen. Zum einen bin ich *die europäische Repräsentantin der Traditionslinie, und es schien logisch, daß eine Europäerin oder ein Europäer hier die Initiative ergreifen mußte; und zum anderen bin ich wahrscheinlich diejenige von uns Mesaträger/-innen mit der tiefsten Beziehung zu Don Benito.*

Mein Widerstand gegen diesen Auftrag war jedoch groß genug, um die Sache erst einmal aufzuschieben, beziehungsweise zu hoffen, daß sich doch noch jemand anderes dafür finden würde. Doch es scheint, daß Don Benito im Hintergrund die Fäden gezogen hat, so daß ich mich letztendlich nicht darum drücken konnte. Möglicherweise war er an den Ereignissen jener Nacht am Orakelstein nicht ganz unbeteiligt; das würde genau dem Stil seiner schamanischen Kunst entsprechen. Jetzt weiß ich natürlich ganz genau, daß nie ein Weg daran vorbeigeführt hätte. – Von wegen freier Wille! Habe ich nicht einst das Versprechen in das Mittelstück meiner Mesa, *meinen* Misarumi, *hineingeflüstert, daß ich alles in meiner Macht stehende tun wolle, um die Seele Europas von ihrer schweren Last zu befreien und wieder zum Leuchten zu bringen?*

Worauf ich schon sehr gespannt bin, ist die Suche nach den alten heiligen Stätten rund um Santiago. Ich weiß, daß es sich nicht nur um die eine handelt, die sich unter der Krypta der Kathedrale befindet und wahrscheinlich ein Quellheiligtum war. Was mich enorm anzieht, ist der wenig bekannte Pico Sacro. Eine Legende berichtet, daß die heidnische Königin (beziehungsweise Hexe) Lupa oder Luparia die Schüler des Apostels zu diesem Berg hinschickte. Als sie dort ankamen, töteten sie den Drachen, der in einer Höhle hauste, zerstörten das Heiligtum auf dem Gipfel, das der Drachen bewacht hatte, und zähmten Luparias Stiere. Zweifellos handelt es sich hier um die mythische Darstellung der Zerstörung eines bedeutsamen uralten Heiligtums durch die missionierenden Christen. Der Berg fasziniert mich um so mehr, als er ganz aus Quarz bestehen soll.

Ein dritter Ort, von dem ich das Gefühl habe, daß er ein Orakelplatz gewesen sein könnte, befindet sich möglicherweise in der Nähe von Padron, einer Stadt am Zusammenfluß zweier Flüsse, die ursprünglich Bischofssitz war, bevor dieser nach Santiago verlegt wurde. Eine andere Legende besagt, daß hier das Boot mit dem Leichnam des Apostels an einer römischen Säule festgebunden und ein anderes heidnisches Heiligtum zerstört wurde. Die Tatsache, daß fast nichts über diese beiden alten heiligen Stätten überliefert ist, läßt mich vermuten, daß sie wichtig genug für die einheimische Bevölkerung waren, um sie so schnell wie möglich verschwinden zu lassen, während die Kraft der dritten durch den Bau der Kathedrale gebändigt, beziehungsweise zum eigenen Nutzen einverleibt wurde. Anschließend wurde durch die Verbreitung der Jakobus-Geschichte dafür gesorgt, daß ihr von nun an die alleinige Aufmerksamkeit galt.

Wir sind jetzt zwar in Santiago gelandet, scheinen jedoch nie an unserem Bestimmungsort anzukommen. Zuerst ist der etwas dubiose Autoverleih nicht auffindbar, und als wir uns endlich in unser wenig vertrauenswürdiges Vehikel hineingequetscht haben, kreisen wir ohne brauchbare Straßenkarte und mit einer Wegbeschreibung, die anscheinend nichts mit der Beschilderung zu tun hat, endlos um die Stadt herum.

Es ist Nacht, und wir sind hungrig und müde von der Reise, kein Wunder, daß die Nerven langsam dünn werden.

Einmal sehen wir ein Schild, das auf den Jakobsweg hinweist. So würde ein »richtiger« Pilger also hier ankommen, zwischen Flughafen, Vorstadtsiedlungen und einem Gewirr von Straßen. Ein wenig komisch komme ich mir schon vor. Ausgerechnet wir, die wir so viel zu Fuß in unseren Bergen unterwegs sind, kommen hier wie normale Touristen an. Doch unser Vorhaben ist natürlich ganz anderer Art, und schließlich wollen wir ja nun wirklich nicht auf dem Jakobsweg pilgern, sondern sind für gezielte und sorgfältig vorbereitete schamanische Zeremonien hier hergekommen, um die Erde und ihre alten heiligen Orte zu ehren und zu füttern, wie es hier sicher schon sehr lange nicht mehr geschehen ist. Es geht darum, ein Kapitel abzuschließen, um ein neues beginnen zu können: das neue schamanische Pilgern auf der Ruta de Wiraqocha.

Allmählich wird es wirklich spät, und wir haben keine Ahnung, wo wir uns überhaupt befinden. So etwas ist mir noch nie passiert; mit Hilfe einer Karte habe ich mich noch überall auf der Welt recht gut orientieren können. Es scheint mit gewissen Widerständen zu tun zu haben, die wir hier überwinden müssen und die angesichts unseres Vorhabens eigentlich auch zu erwarten waren. Schließlich bleibt uns nichts anderes übrig, als an einer Tankstelle anzuhalten und dann noch einmal an einem Restaurant, um nach dem Weg zu unserer Pension zu fragen, deren Namen »O'Desvio« (Zum Umweg) ist. Nomen est omen? – Umwege scheinen hier unvermeidlich.

Das ganze wiederholt sich am nächsten Morgen noch einmal. Es kostet uns über eine Stunde, den Weg ins Stadtzentrum und dann auch noch einen Parkplatz zu finden, den wir auf der Karte lokalisieren und daher vielleicht wiederfinden können.

Die Altstadt fühlt sich genau so an, wie ich es erwartet habe: Düster, schwer belastet und morbide. Die Kathedrale mit ihrer dekadent wirkenden spanischen Barockfassade verursacht mir leichte Übelkeit. Es ist Februar, und ein unangenehmer feucht-kalter Wind weht vom Atlantik her. Dennoch friere ich mehr, als ich dem Wetter zuschreiben könnte. Ich fühle mich, als ob ich kurz davor wäre, krank zu werden, und würde mich viel lieber unter einer warmen Decke verkriechen als meine Willenskraft dafür zu benutzen, meine Einstellung zu unserer bevorstehenden Arbeit aufzupolieren.

Wir informieren uns über die Öffnungszeiten der Kathedrale und erforschen die Möglichkeiten für eine Zeremonie in ihr. Daneben sind wir auch auf der Suche nach einem Flecken Erde, bloßer Erde, gleich neben der Kathedrale, wo wir einen anderen Teil unserer Aufgabe erfüllen könnten.

Mein erster Gang durch die Kirche fängt gleich gut an. Vollkommen konzentriert auf das Erspüren der richtigen Stelle für unsere schamanische Zeremonie, stoße ich fast mit einem Priester zusammen, der von diesem Zusammentreffen mit mir ziemlich irritiert zu sein scheint. Meine Ayllu*-Geschwister amüsieren sich köstlich.*

Die Krypta bietet eine Nische, die groß genug für unser Vorhaben sein sollte. Sehr zu unseren Gunsten ist es, daß es den Pilgern erlaubt ist, die Jakobus-Statue auf dem Hauptaltar direkt oberhalb der Krypta, das heißt, direkt über der alten heiligen

Stätte, zu berühren; es sitzt nur ein Wärter dort, der wahrscheinlich darauf achtet, daß die riesengroßen Edelsteine, die in das Gewand der Statue eingearbeitet sind, nicht als Andenken mitgenommen werden. Alles glitzert von diesen Juwelen und von Gold in unglaublichen Mengen. Unangenehme Erinnerungen aus diesem und früheren Leben steigen in mir auf. Ist das alles gestohlenes Inka-Gold?

Ich denke an meinen ersten Besuch der Kathedrale von Copacabana in Bolivien zurück, deren Innenraum die gleichen Gefühle und Gedanken in mir hervorrief. Noch nie zuvor hatte ich so viel Gold auf einmal gesehen.

In diesem Hauptaltar sind drei Statuen übereinander aufgestellt, die Jakobus-Santiago mit all den verschiedenen Attributen darstellen, die ihm aufgebürdet worden sind. Diejenige Statue, die wir berühren dürfen, ist die mittlere. Sie stellt Jakobus als Pilger dar, während ihn die unterste als Apostel zeigt. Es spricht für sich, welche der drei Statuen die oberste ist: Es ist diejenige, die ihn als den Kämpfer darstellt, der auf einem weißen Pferd sitzt und sein Schwert schwingt. Wenn ich daran denke, daß die Konquistadoren in Peru mit dem Schlachtruf »Santiago« die Vorfahren von Don Benito niedermetzelten, läuft es mir kalt den Rücken hinunter, und meine Ehrfurcht gegenüber seiner großzügig verzeihenden Weisheit wächst noch einmal um ein gutes Stück.

Wir beeilen uns, um noch vor 12 Uhr ein Blumengeschäft zu finden, essen in einem eiskalten Restaurant eine lauwarme Suppe und kehren dann ohne jeden Umweg in unsere Pension zurück, um uns für die Zeremonie vorzubereiten, die wir für den heutigen Abend geplant haben. Jetzt scheinen die Dinge zu laufen wie am Schnürchen. Als wir später in die Stadt zurückkehren, finden wir sofort wieder den Weg zum gleichen Parkplatz, wo wir den letzten freien Platz ergattern. Schweigend gehen wir geradewegs zurück zur Kathedrale, wie in einer Verschwörung fühlt es sich an! Unsere Rayeta-Khuyas *tragen wir auf unseren Herzen.*

Gleich bei einem Seiteneingang in die Kathedrale haben wir einen kleinen Barockgarten gefunden, in dem zumindest ein einzelner Baum wächst, zwar schrecklich zurechtgestutzt, aber dennoch immerhin ein Baum. Hier wollen wir unsere Zeremonie damit beginnen, daß wir unser persönliches Hucha, *das mit der Geschichte von Santiago zu tun hat, in die Erde entlassen, während die restlichen Ayllu-Mitglieder zu Hause das Gleiche tun werden.*

Hucha, *das heißt Schwere oder Dichte, entsteht zwangsläufig, wenn wir in dieser »mittleren« Welt leben. Solange wir es gleich wieder in die Erde entlassen, für die es Nahrung ist, entsteht uns daraus kein Schaden. Sammelt es sich jedoch in uns an, kann es uns krank machen. Indem wir es also in die Erde entlassen, anstatt an ihm festzuhalten (es entsteht beispielsweise dann, wenn wir uns ärgern, uns Sorgen machen, uns ängstigen oder trauern), tun wir zugleich der Erde und uns selbst etwas Gutes. Wir werden wieder leicht und klar und können in diesem Zustand weit besser unserer Arbeit für* Pachamama *nachkommen.*

Für eine so bedeutsame Zeremonie wie diese ist es also unerläßlich, uns zuerst von unserem Hucha *zu befreien, denn wir wollen sie nicht mit Ärger oder Haß im Bauch ausführen, sondern von einem kristallklaren Herzen kommen lassen, in dem sich das Licht der* Rayeta *widerspiegelt.*

Als wir bei unserem bescheidenen Flecken Erde eintreffen, sehen wir, daß der Eingang in die Kathedrale jetzt von der Polizei bewacht wird. Das war heute Morgen nicht der Fall. Es gefällt uns nicht, doch wir sind uns sicher, daß uns die Polizisten hinter dem Baum nicht sehen können. Vielleicht sind sie hier, weil demnächst der Karnevalsumzug beginnen wird? – In jedem Fall lassen wir uns nicht von unserem Vorhaben abbringen.

Nachdem wir uns gründlich von unserem Hucha befreit haben, hauchen wir Gebete für das Gelingen unserer Arbeit in K'intus aus drei Coca-Blättern, die wir anschließend in ein Körbchen legen, das wir, bereits mit Schilfblättern gefüllt, von zu Hause mitgebracht haben. Schilf ist die heilige Pflanze des Fanes-Mythos und Coca die heilige Pflanze des Anden-Hochlands. In diesem Behälter kommen sie beide zusammen. Darauf legen wir Steine von unseren Dolomiten-Apus und von heiligen Stätten in Peru und Bolivien. Alles geht reibungslos, obwohl einige Male Leute ziemlich dicht bei uns vorbeigehen. Sie scheinen uns überhaupt nicht zu bemerken.

Ich würde die Kathedrale gerne durch das große Hauptportal betreten, doch das ist jetzt geschlossen. Für einen kurzen Augenblick flackern angstvolle Gedanken in mir auf. Was, wenn heute eine Ausnahme gemacht und die Kirche früher als sonst zugesperrt wird? – Wir haben keine andere Wahl, als zu jenem Seiteneingang zurückzukehren, der von der Polizei bewacht wird.

Als ich mich dem Tor nähere, tritt sofort ein Polizist auf mich zu und fordert mich mit strenger Miene auf, meine Tasche zu öffnen. Mit klopfendem Herzen komme ich dieser Aufforderung nach, und was zum Vorschein kommt, ist das kleine Körbchen mit den Steinen und dem Heiligenbild der Santa Rosa de Lima, das ich in der Kirche verwenden will. Als der Polizist das sieht, entspannt sich sein Gesichtsausdruck, sogar ein kleines Lächeln erscheint auf seinen Lippen. »Piedras, muy amable!« (Steine, sehr liebenswürdig!) ruft er aus.

Er und sein Kollege entschuldigen sich schließlich sogar für die Unannehmlichkeit, die sie uns bereitet haben und erläutern, daß sie diese Kontrollen wegen befürchteter Terroranschläge in diesem Heiligen Jahr ausführen müssen. Wir bekunden unser Verständnis und lächeln freundlich, bevor wir durch die Tür ins Innere der Kirche schlüpfen. Dort bleiben wir erst einmal stehen und schauen uns an. Was war das? Eine schamanische Heilung für die spanische Polizei? Hat Don Benito das arrangiert? Langsam beruhigen wir uns wieder und konzentrieren uns erneut auf das, was wir jetzt zu tun haben.

Gerade verklingt der letzte Akkord der Orgel am Ende der Frühabend-Messe. Das sollte ein guter Moment für uns sein. Jetzt sehen wir, daß Polizisten auch in der Kirche sind. Ich beschließe, nicht auf sie zu achten und mich statt dessen auf die Präsenz unserer Verbündeten aus der unsichtbaren Welt zu konzentrieren, die ich bereits im Stillen herbeigerufen habe.

Wir betreten die Krypta und stellen uns wie vereinbart in der Nische auf, wobei das Körbchen mit den Pflanzen und Steinen in unserer Mitte steht. Genau jetzt kommen viele Leute herein und gehen dann auf der anderen Seite wieder hinaus. Einige bleiben eine Weile stehen, um vor dem Schrein mit den angeblichen Apostel-Knochen zu beten. Ich weiß, daß wir nicht zu lange warten können. In diesem Moment *bekomme ich das Signal zu beginnen, auch wenn sich noch ein paar Leute in der Krypta befinden.*

Wir führen alles so aus, wie Don Benito es mir zu Hause an meiner Mesa *mitgeteilt hat, und sind dabei eigentlich schon unglaublich kühn, um nicht zu sagen frech. Die Anrufung der fünf kosmischen Kräfte der Himmelsrichtungen und des Zentrums der* Mesa *auf Quechua laut zu singen, hier in der Krypta der Kathedrale von Santiago de Compostela, ist gewiß keine Kleinigkeit. Kaum fangen wir an zu singen, kann ich schnelle Bewegung um uns herum spüren, wie herumrennende Mäuse. Dann ist es still, und wir sind allein in der Krypta. Ich öffne meine Augen nie, sondern singe einfach weiter.*

Was folgt, ist nicht weniger ungewöhnlich in einer Kathedrale: Wir rufen die Präsenz der Dolomiten Apus *und der peruanischen* Apus *herein, um die ganze konzentrierte Kraft unserer Tradition für die folgenden rituellen Handlungen zur Verfügung zu haben, die der Transformation dieses Ortes, der Heilung der europäischen Seele und der Versöhnung zwischen den Andenvölkern und den Europäern dienen. Die Kraft, die dabei entsteht, ist erstaunlich; sie ist nicht nur spürbar, sondern schon fast physisch greifbar.*

Nun verlassen wir die Krypta und gehen sofort hinauf zu der Jakobus-Statue. Ich trage das Körbchen in beiden Händen, auf das ich jetzt auch meinen Misarumi *gelegt habe. Mein* Misarumi *besteht aus einer großen Jakobsmuschel, in der ein flacher Stein liegt, und auf diesem wiederum ein Kruzifix. Alles in allem schaut es vollkommen nach einem heiligen Gegenstand aus, den ein Jakobsweg-Pilger bei sich haben könnte.*

Traditionelle Misarumis *in Peru beinhalten häufig ein Kruzifix, das in diesem Fall für nichts anderes steht als die göttliche Kraft an sich. Die Integrationsfähigkeit dieser Tradition ist ganz einfach bemerkenswert. Sogar Santiago selbst ist in sie aufgenommen worden, als eine Art christlicher Verkleidung für* Illapa, *den alten Donnergott der Anden, was angesichts seines Gebrauchs als Schlachtenhelfer durch die Spanier recht gut nachvollziehbar ist. Christliche Elemente und Symbole finden sich daher häufig auf peruanischen* Mesas, *doch die Kosmovision dieser* Mesas *ist nach wie vor die andine, nicht die christliche.*

Ausgerechnet ich als Europäerin hatte jedoch zu Beginn meiner schamanischen Lehre erhebliche Widerstände dagegen, ein Kruzifix auf meiner Mesa *zu haben, und dann auch noch in ihrer Mitte!*

Auf meiner ersten Perureise mit Don Oscar passierte es jedoch, daß sich das Bild eines Kruzifixes, das mir meine Mutter ein paar Jahre zuvor geschenkt hatte, immer mehr aufdrängte. Ich konnte den Ruf nicht mehr länger ignorieren. In einem Gespräch mit meinem Lehrer fragte er mich nach der Geschichte dieses Stückes, die ich kannte und die mich nach wie vor zweifeln lies, ob es das Richtige für meinen Misarumi *war.*

Das Kruzifix stammt von meinem Großvater, der es wiederum geschenkt bekam. Das war im ersten Weltkrieg gewesen, als er in Belgien stationiert war, in einer ländlichen Gegend, wo er die Bekanntschaft eines älteren Ehepaars machte. Die beiden hatten zu wenig zu essen, und so gab mein Großvater, der ein großherziger Mensch war, jeden Tag etwas von seiner Essensration an sie ab. Eines Tages, als er sich wieder von ihnen verabschiedete, schenkte die Frau ihm jenes Kruzifix als Dank für seine Hilfe. Am nächsten Morgen war das ganze Dorf niedergebrannt; es gab keine Überlebenden. Als ich Don Oscar diese Geschichte erzählte, sagte er zu meiner Verblüffung, was ich denn wolle, sie sei doch wunderschön und mache dieses Stück zu einem idealen Mittelpunkt meiner Mesa. Schließlich sei es ja meine Aufgabe, für die Transformation der europäischen Seele zu arbeiten. Seitdem hat dieses besondere Stück seinen Platz in meinem Misarumi gefunden, und ich halte es in hohen Ehren.

So steige ich also mit meinem kostbaren Körbchen die enge Wendeltreppe zu der Statue hinauf, ohne auch nur einen Blick auf den im Hintergrund sitzenden Wärter zu werfen. Ich bin voll und ganz eine ehrfürchtige Pilgerin. Sorgfältig postiere ich mich vor der Statue und berühre sie einige tiefe Atemzüge lang mit meinem Misarumi. Zum Abschluß blase ich durch ihn hindurch in die Statue, um ihr die heilende Kraft unserer schamanischen Traditionslinie zu übermitteln. In diesem Augenblick sehe ich den Apostel in einiger Entfernung mir gegenüber stehen, mir zulächeln und seine Hand zum Gruß erheben. Meine vier Ayllu-Geschwister erzählen mir danach, daß sie im gleichen Moment die Statue erleichtert hatten aufseufzen gesehen.

Nachdem auch alle anderen die Statue mit ihren Misarumis berührt haben, verlassen wir die Kathedrale mit einem Hochgefühl und kehren wieder zu unserem Baum zurück, wo wir die K'intus aus dem Körbchen auf die Erde legen und auch je einen Stein aus den Dolomiten und aus den Anden hinterlassen.

Die Kathedrale schaut jetzt wesentlich freundlicher aus. Es ist tatsächlich etwas geschehen an diesem Ort! Was wir hier getan haben, fühlt sich tief befriedigend und vollständig an. Doch die Arbeit des heutigen Tages ist noch nicht ganz getan. Wir müssen noch ein Despacho zubereiten, unsere Gabe, die wir morgen dem Pico Sacro bringen wollen.

Wir rennen fast zum Auto und fahren zurück in die Pension. Ich weiß, daß ich nicht mehr zur Kathedrale zurückkehren muß, daß dieser Teil abgeschlossen ist. Es war eine gute Entscheidung, außerhalb der Stadt zu übernachten, an einem ruhigen Ort weit weg von der Altstadt. In einem unserer Zimmer können wir vollkommen ungestört ein wunderschönes Despacho zubereiten. Es enthält viele süßen Zutaten, Blüten, natürlich eine kleine Jakobsmuschel und Lorbeerblätter, die bei uns meist die traditionelle Coca ersetzen.

Dies war ein mehr als voller schamanischer Arbeitstag, und noch können wir es gar nicht fassen, was wir zu tun gewagt haben. Das späte Abendessen haben wir uns mehr als verdient. Dabei stellen wir fest, daß ausgezeichnet schmeckt, was sich im Inneren von Conchas de Santiago (Jakobsmuscheln) befindet!

Am nächsten Morgen finden wir ohne jeden Umweg zum Pico Sacro, der ungefähr zehn Kilometer südöstlich von Santiago gelegen ist. Der Blick auf den kegelförmigen Berg hilft unserem Orientierungssinn mehr als die Karten, die wieder einmal nicht stimmen.

Jetzt sind wir wieder in unserem Element! Es kommt uns allerdings ziemlich komisch vor, daß eine Straße fast bis auf den Gipfel hinauf führt. Neben dem Parkplatz befindet sich ein kleines verlassenes Kloster. Unser Eindruck ist, daß der Berg überwiegend ein Aussichtspunkt und Naherholungsgebiet für Menschen aus der Stadt und die wenigen Touristen ist, die den Weg hierher finden. Der Gipfelbereich des Berges ist felsig, während seine Flanken in jüngerer Zeit mit Eukalyptusbäumen aufgeforstet worden sind. Tatsächlich ist das Gestein purer Quarz, ziemlich rauh und voller kleiner Kristalle. Wenn das keine »Batterie« ist!

Ein Weg führt zum Gipfel hinauf, wo das vorchristliche Heiligtum gewesen sein soll. Ein behauener Felsen zieht meine Aufmerksamkeit auf sich. Er erinnert mich irgendwie an einen Usnu, eine Altarplattform, wie man sie zum Beispiel in Machu Picchu findet. Unterhalb ist eine große, ebenfalls von Menschenhand geschaffene Nische. Von hier reicht der Blick bis Santiago und die letzten Hügelketten vor der Küste, frei nach allen Seiten. Kein Zweifel, dies ist wirklich ein bemerkenswerter Ort. Ebenso wie gestern regnet es an vielen Stellen rund herum, jedoch nicht da, wo wir sind.

Unterhalb des Gipfels finden wir auch den Eingang in die Drachenhöhle. Es ist ein Tunnel mit rundem Querschnitt, der zuerst aufwärts führt und sich dann in zwei Gänge teilt, wobei der breitere senkrecht nach unten führt. Der andere wird immer enger. Die Wände zeigen deutliche Bearbeitungsspuren, und aus dem Boden sind Stufen herausgemeißelt. Mein Eindruck ist, daß die Form der Höhle selbst ein Drache ist. Auch eine zweite Höhle finden wir noch, die sofort steil nach unten abfällt und ebenfalls von Menschen bearbeitet worden ist. Nach dem Besuch der Drachenhöhle gibt es keinen Zweifel mehr für uns, daß tatsächlich der ganze Berg aus stark kristallinem Quarz besteht.

Wir sind allein, der Eingang der Höhle ist gut vom Wind geschützt, und so beschließen wir, unser Despacho hier zu verbrennen. Alles, was wir haben, ist feuchtes Eukalyptusholz, das wir gestern Nachmittag auf dem Weg zwischen der Stadt und unserer Pension gesammelt haben. Kaum haben wir begonnen, das Feuerholz aufzustapeln, tauchen plötzlich drei Männer auf, die vielleicht Wegarbeiter sein könnten. Sie werfen einen schnellen Blick in die Höhle, steigen über das Despacho, das auf dem Boden liegt, und gehen wieder.

War das wieder so etwas wie gestern mit der Polizei? – Wir beobachten, wohin die drei gehen, und es scheint, daß sie direkt zum Parkplatz zurückkehren. Doch das Auto fährt nicht weg. Hingegen kommt jetzt noch ein weiteres an. Ich verstehe es als Hinweis, daß wir nicht an der richtigen Stelle sind; vermutlich sind wir doch zu nahe beim Drachen.

Nicht weit weg von der Höhle finden wir einen relativ windgeschützten flachen Platz hinter einem größeren Felsen. Ohne noch lange zu zögern, entfachen wir unser Feuer. Zu unserer Überraschung brennt das Holz ausgezeichnet und ohne viel Rauch zu erzeugen. Auch das Despacho verbrennt perfekt, wir könnten es uns nicht besser wünschen.

Bevor wir den Platz verlassen, finden wir frische Rosenblütenblätter gleich neben unserem Feuerplatz. Werden etwa dem Pico Sacro doch noch Opfergaben gebracht? Zu gerne würde ich mehr darüber erfahren. Irgendwie habe ich das Gefühl, daß sich in dieser Gegend neben dem Jakobskult auch noch etwas anderes erhalten hat, ganz still und unbemerkt.

Glücklich darüber, daß unsere Gabe so gut angenommen worden ist, folgen wir dem Grat weiter nach unten, um eine geeignete Stelle für den Bau einer Apacheta *zu finden. Schließlich entscheiden wir uns für einen kleinen flachen Platz vor einem markanten dreieckigen Felsen. Man kann sehen, daß hier überall Dornengestrüpp wächst, das teilweise entfernt worden zu sein scheint, und wir hoffen, daß es an unserem kleinen Platz nicht zu reichlich nachwachsen wird. Als wir die Grundsteine gelegt haben und die Dolomiten- und Andensteine aus unserem Körbchen in der Mitte plazieren, kommt sogar ein wenig die Sonne heraus.*

Überall in Spanien herrscht gerade extrem schlechtes Wetter mit Schnee, Sturm und Überschwemmungen. Wir können uns mehr als glücklich schätzen, daß wir nur ein wenig kalten Wind haben. Sonst wären wir nicht einmal in der Lage gewesen, unser Despacho *zu verbrennen und könnten jetzt keine* Apacheta *bauen.*

Plötzlich spüre ich, daß jemand hinter mir steht. Zuerst denke ich, daß es jemand von uns Fünfen ist. Doch mit einem Blick vergewissere ich mich, daß alle rund um die Grundsteine stehen. Ich konzentriere mich ganz auf die Empfindung und sehe jetzt einen Riesen hinter mir stehen. Mit einem Riesen meine ich, daß er den Eindruck erweckt, mindestens 100 Meter groß zu sein, wenn ich eine Schätzung versuchen will. Seine Gegenwart fühlt sich überraschend gut und beschützend an. Er hält mit beiden Händen einen großen Ring aus blauem Licht vor seinem Körper, hat ein aufgemaltes Auge in der Mitte seiner Stirn und trägt einen korbartigen Hut, aus dem Flammen aufsteigen. Er gibt mir zu verstehen, daß die Rayeta, *der unvergleichlich strahlende Stein von Fanes, genau in das Innere des Rings passen würde.*

In diesem Augenblick verstehe ich, daß wir die Apacheta *rund bauen sollen, in der Form eines Kegels, nicht als Pyramide, wie wir es ursprünglich geplant haben. Ich bedanke mich für den Hinweis und die offensichtliche Unterstützung für unser Unterfangen, bevor ich den anderen erzähle, was ich gerade erlebt habe.*

Die Apacheta *ist fertig gebaut, fast blendend hell mit all den Quarzsteinen, und wir stellen uns rund um sie herum, um sie mit einer kleinen Zeremonie zu aktivieren. Als wir sie noch gefüttert und mit Blüten geschmückt haben, strahlt sie noch mehr als zuvor. Es fällt uns schwer, von ihr wegzugehen. Wann wird sie wieder jemand besuchen und ehren? – Vielleicht findet sie jemand von denjenigen, die dort oben Rosenblüten ausgestreut haben?*

Immer, wenn wir eine Apacheta *weit weg von unserem Dolomiten* Seq'e-*System bauen, stellt sich diese Frage. Vor etwas mehr als einem Jahr haben wir eine in Delphi gebaut, an der* Ruta de Wiraqocha, *versteckt zwischen Büschen, aber noch innerhalb der archäologischen Zone, und auch damals haben wir sie eher wehmütig verlassen. Nur durch die Kraft unserer Erinnerung können wir sie weiter am Leben erhalten, das physische Füttern und Restaurieren fehlt. Es ist einfach Zeit dafür, daß sich auch an diesen Orten Menschen finden, die sich unserer Arbeit anschließen.*

Ich bin tief berührt von der Freundlichkeit, mit der die Geistwesen dieser Landschaft uns und unsere Arbeit empfangen haben. Wer ist dieser Riese? – Als ich seinen Hut beschreibe, erzählt mir eine meiner Ayllu-*Schwestern, daß sie in einem Buch ein Foto eines traditionellen Hutes aus dieser Gegend gesehen habe, der wie ein Korb aussah. Anscheinend sind diese Riesen hier heimisch geworden, auch wenn ich mir nicht so sicher bin, woher sie eigentlich stammen.*

Durchgefroren, doch sehr befriedigt, gehen wir noch einmal zurück zu unserem Feuerplatz und untersuchen die verbrannten Überreste. Alles ist vollständig verbrannt bis auf die Muschel, die wie meistens ganz geblieben ist. Wir tragen sie zurück zur Drachenhöhle, um auch dort noch eine Gabe zu hinterlassen.

Nach dem Mittagessen, das wir auch heute wieder in einem eiskalten Restaurant zu uns nehmen, müssen wir uns bewegen, um uns endlich aufzuwärmen. So kommt es, daß wir schließlich doch noch zu Fuß zum Pico Sacro hinaufgehen, so wie es uns richtig vorkommt. Auf dem Weg finde ich einen gleißend hellen Stein mit Glimmer auf dem weißen Quarz. Mir ist sofort klar, daß ich ein großes Geschenk vom Pico Sacro erhalten habe, und ich bin voller Dankbarkeit dafür. Diese Khuya *wird sicher einen Ehrenplatz auf meiner* Mesa *erhalten.*

Die Wanderung ist wohltuend, wärmend und hilft, nach all den Erlebnissen zur Ruhe zu kommen. All die Felsen erwachen jetzt, im winterlichen Spätnachmittagslicht, zu ihrer vollen Lebendigkeit. Fast sind wir in Versuchung, die Apacheta *noch einmal aufzusuchen, doch dann lassen wir es gut sein und verabschieden uns vom Pico Sacro. Es ist interessant genug, daß er nicht am Jakobsweg gelegen ist.*

An unserem letzten Tag statten wir zunächst dem Atlantik einen Besuch ab. Es ist eine rauhe felsige Küste, und die Wellen sind gut für ein unerwünschtes Fußbad, wie wir feststellen. Daß hier einmal das Ende der Welt war, kann ich mir leicht vorstellen, ein wenig fühlt es sich immer noch so an. Wir halten an den Überresten einer keltischen Siedlung auf einer felsigen Halbinsel an. Bei den Ruinen der runden oder ovalen Strukturen spüre ich wenig Anziehendes, doch die Felsen selbst sind kraftvoll und vor allem warm! Wir ehren sie mit K'intus *und fahren weiter südwärts auf der Suche nach anderen Plätzen, wo wir kooperative Wesen antreffen könnten.*

Das ist der Fall beim Dolmen de Abaixtos, wo wir zum ersten Mal der sogenannten Megalith-Kultur begegnen. Der Dolmen soll aus der Jungsteinzeit stammen, und natürlich stellen wir die gleiche Frage, die sich wahrscheinlich jeder Besucher hier stellt: Wie haben es die damaligen Menschen geschafft, den großen flachen Stein auf die anderen sieben stehenden Steine zu legen?

Dieser Ort ist eine positive Überraschung für uns. Im Inneren des Dolmens ist ein klarer, sauberer vertikaler Kraftfluß zu spüren. Es fühlt sich an, als ob gar kein Dach über mir wäre, sondern der Raum sich weit nach oben ausdehnen würde. Die Theorie, die besagt, daß dies (ausschließlich) eine Begräbnisstätte war, kann ich nicht glauben.

Auf einmal fühle ich mich aufgefordert, eine spontane kleine Zeremonie in diesem offenen Raum entstehen zu lassen. Wir vergessen auch nicht, den heiligen Ort mit Räucherwerk und meiner selbstgemachten Blütenessenz zu füttern, und hinterlegen wiederum je einen Stein aus den Dolomiten und aus Peru.

Später, wieder zu Hause an meiner Mesa*, wird mir Don Benito erklären, daß dieser Dolmen als »Behausung« für solche Riesen wie den, der mir am Pico Sacro begegnet ist, gebaut wurde. Ihre Kraft ist zu groß, um direkt mit ihnen arbeiten zu können.*

Nachdem sie aber selbst so groß sind, fühlen sie sich natürlicherweise von großen Steinen angezogen, und sobald sie den Dolmen betreten, wird ihre Kraft handhabbar. Diese Erklärung, die mir auch den vertikalen Fluß von Kraft verständlich macht, leuchtet mir wesentlich mehr ein als die Grabstätten-Theorie!

Alles in allem erscheint mir dieser Kontakt mit der ursprünglichen spirituellen Tradition dieser Gegend ein wichtiger Teil unseres Auftrags zu sein, der uns hierher geführt hat. Wir sind dabei, ausgerechnet hier Verbündete für den Beginn einer neuen schamanischen Kultur in Europa, für die Vision der Wayna Fanes-Tradition, zu finden. Nicht umsonst hat mich der Riese darauf hingewiesen, daß die Rayeta *in seinen Ring paßt.*

Nach dem Mittagessen in einem nahegelegenen Dorf haben wir so langsam genug davon, zwei Mal täglich Fisch und Brot zu essen, und überhaupt stellt sich allmählich eine gewisse Müdigkeit ein. Sind wir wirklich erst drei Tage hier? – Die Intensität der Erfahrungen ist so groß, daß es uns weitaus länger erscheint. Ein Ruhetag wäre mehr als gefragt, doch es bleibt uns nur noch dieser Nachmittag, um unser Unternehmen zu einem Abschluß zu bringen.

So machen wir uns auf den Weg nach Padron, der vormaligen Bischofsstadt. Wenn es irgendeinen Ort gibt, der sich wirklich durch und durch morbide anfühlt, dann ist es dieser. Alle Werbung mit dem Jakobsweg, der durch das Städtchen hindurchgeht, und mit der römischen Säule in der Kirche hilft nicht, diesen Eindruck zu verändern.

Auf einem Fries über einem Brunnen ist die Königin-Hexe Luparia zu sehen, wie sie unterwürfig vor dem Apostel kniet, der sie mit einer Jakobsmuschel tauft. Es könnte kaum aussagekräftiger sein: die Unterwerfung der »heidnischen« Religion und der Frau als ihrer Repräsentantin.

Ich habe immer noch ein wenig Hoffnung, die unbekannte dritte vorchristliche heilige Stätte von Bedeutung zu finden, auch wenn die bedrückende Atmosphäre von Padron mir nicht gerade dabei hilft, meine Müdigkeit zu überwinden. Auch machen meine Ayllu-*Geschwister einen eher lustlosen Eindruck. Doch es ist unsere letzte Chance, also fahre ich meine Antennen aus, während ich meinen Blick über die nähere Umgebung der Stadt schweifen lasse.*

Ein kleiner Hügel zieht mich an, doch ist es fraglich, ob wir die Straße dorthin finden können, ohne lange herumirren zu müssen. Alle sind tapfer damit einverstanden, einen Versuch zu starten. Erstaunlicherweise sind wir sofort auf dem richtigen Weg und erreichen den Hügel in wenigen Minuten. Wir parken bei einem Schild, das auf ein kürzlich restauriertes »Santaguineo de Monte« hinweist.

Möglicherweise habe ich eine gute Nase gehabt. Was wir vorfinden, ist eine liebliche grüne Wiesenterrasse mit einer kleinen Einsiedelei und Kirche. Gleich unterhalb der Kirche ist die Quelle, nach der ich gesucht habe. Das Wasser kommt unterhalb der Kirche heraus, die vermutlich über einer Quellgrotte gebaut wurde. Ein Schild weist auf die wundersame Heilkraft der Quelle hin. Über dem Brunnen ist die gleiche Szene dargestellt wie bei dem Brunnen unten in der Stadt. Es wird immer wahrscheinlicher, daß wir das vermutete alte Quellheiligtum gefunden haben, das nach meinem Gefühl ein Orakelplatz gewesen sein muß.

Als ich nach einem Hinweis darauf Ausschau halte, sehe ich eine Gruppe von Felsen, die nur ein paar Schritte von der Kirche entfernt sind. Einer davon zieht mich besonders an: Ist er der einstige Orakelstein? Natürlich ist auf dem höchsten Felsen ein Kreuz errichtet worden, doch mich interessiert nur dieser äußerst seelenvolle und lebendige kleinere, der mir verschmitzt zuzuzwinkern scheint. Wir füttern ihn gut und spüren die Verbindung zwischen ihm, dem alten Heiligtum unter der Krypta der Kathedrale und dem Pico Sacro. Zusammen bilden sie ein starkes Dreieck.

Jetzt ist tatsächlich alles getan, und wir können beruhigt gehen – denken wir zumindest. Als wir jedoch aus Padron hinausfahren Richtung Autobahn, sehen wir auf einmal einen großen toten Vogel auf der Straße liegen. Wir wissen, wie gefährlich es ist, auf dieser vielbefahrenen Straße anzuhalten, aber wir wissen auch, daß wir keine andere Wahl haben. Also drehen wir eher waghalsig um und bleiben am Straßenrand stehen.

Kaum zu glauben, es ist eine Schleiereule, die sich hier geopfert hat. Wir entfernen sie von der Straße und begutachten sie genauer. Der Körper ist zerquetscht, aber Flügel und Schwanz sind in relativ gutem Zustand. Was für ein Geschenk ist das, auch wenn wir traurig darüber sind, daß der Vogel sein Leben lassen mußte. Wir hauchen ein Gebet für seine Seele in ein K'intu *und nehmen dann genügend Federn für alle* Ayllu-*Mitglieder mit. Es kostet uns einige Überwindung, sie herauszuziehen, aber es hilft, zu wissen, daß sie für unsere* Mesas *bestimmt sind. Eine solche Medizin-Gabe der unsichtbaren Welt nicht anzunehmen, wäre nicht in* Ayni. *Unsere Aufgabe ist es jetzt, diese Medizin gut zu verwenden.*

Eulen sind in den alten peruanischen Kulturen immer den weiblichen Schamanen, den Curanderas, *zugeordnet gewesen, die oft sogar in Eulengestalt abgebildet wurden, z. B. auf Keramiken der Moche-Kultur. Die Kraft der Eule, einer Meisterin der Nacht, ist dazu da, um jemanden aus der Dunkelheit heraus und ans Licht zu ziehen. Es könnte also nicht besser zum Thema unserer Reise passen.*

Jetzt können wir wohl wirklich gehen und uns nun der Ruta de Wiraqocha *zuwenden!*

Das war also die Reise der Versöhnung, und rückblickend frage ich mich, ob die Entstehung der Wayna Fanes-Tradition, die einen europäischen Mythos mit der schamanischen Tradition der Anden zusammenbringt, nicht eine Folge dieser Versöhnung war. Sie zu leben, ist die Versöhnung, so empfinde ich es.

Auf der Reise nach Santiago de Compostela sind wir jedoch auch den Abgründen der europäischen Seele mit ihren tragischen Verstrickungen in Leid und Schuld begegnet, wobei sie sowohl mit der Täter- als auch mit der Opferrolle bestens vertraut ist. Die Identifikation mit keiner von beiden bringt uns jedoch weiter. Die Erkenntnis, daß beide sich gegenseitig bedingen, führt zu dem Schluß, daß wir lieber weder am einen noch am anderen Pol zu sehr anhaften sollten.

Viele Europäer/-innen halten ihre Kraft zurück oder verwenden sie in selbstzerstörerischer Weise, weil sie sich von der kollektiven Schuld, die Europa im Lauf von vielen Jahrhunderten auf sich geladen hat, lähmen lassen. Ich meine also nicht nur Deutschland im 20. Jahrhundert, sondern alles, was sich Europäer, und dann auch Amerikaner, in anderen Teilen der Welt geleistet haben und zum Teil immer noch leisten. Doch durch Festhalten an Schuldgefühlen wird ganz gewiß nichts besseres Neues entstehen können.

Andere entschuldigen ihre Weigerung, Verantwortung für sich selbst und Mitverantwortung für die Welt zu übernehmen mit den Traumata des Opferseins, die sie selbst in früheren Leben erfahren oder die ihre Vorfahren erlitten haben.

Unabhängig davon, mit welche Seite man sich mehr identifiziert, wird es oft vergessen, daß das Ausmaß an Leid, das Europäer anderen Europäern zugefügt haben, an zeitlicher Dauer und Anzahl von Betroffenen noch bei weitem das übersteigt, was sie den Völkern der Neuen Welt angetan haben, denn schließlich hatte Europa zum Zeitpunkt der Entdeckung Amerikas bereits das Mittelalter hinter sich.

Das zu erkennen hilft zu verstehen, daß die europäische Seele schwer verwundet ist, als Täter genauso wie als Opfer. Und es ist noch kein Ende in Sicht: Wir quälen uns immer noch selbst und gegenseitig, und zwar jetzt mit unserer amputierten materialistischen Weltsicht, die wir zusätzlich noch in den Rest der Welt exportieren. Sollten wir uns dafür also auch noch schuldig fühlen?

Die Antwort ist natürlich »nein«. Schuld und Scham binden unsere Kraft an die Vergangenheit und machen uns jetzt, in der Gegenwart, handlungsunfähig, genauso wie das Festhalten an Trauer und Verletztheit. Aus schamanischer Sicht erzeugen solche Gefühle *Hucha* (Schwere oder Dichte), dessen man sich schnellstmöglich entledigen sollte, um die dadurch verursachte Stagnation im Spiel des Lebens zu beenden, das heißt, um frei zu werden für eine sinnvolle Kompensation, die *Ayni* wiederherstellt, beziehungsweise für die eigentliche Seelen-Aufgabe in diesem Leben.

In einer schamanischen Heilung würde man einer betroffenen Seele dabei helfen, das Geschehene nicht urteilend zu betrachten, das erlittene Leid auf beiden Seiten anzuerkennen, Verantwortung für den eigenen Anteil am Entstehen von Leid zu übernehmen und zu ehrlicher Reue zu gelangen. Dann würde es darauf ankommen, die Lektion aus dem Vorgefallenen zu lernen und dann die Anhaftung daran aufzugeben, um das Gelernte, in Verbindung mit den einmaligen eigenen Fähigkeiten, auf konstruktive Weise der Welt zur Verfügung zu stellen. Eine solche Heilung bedeutet wirkliche Transformation des bestehenden Zustandes, die zu einer erweiterten Perspektive führt.

Damit sind wir am entscheidenden Punkt angekommen. Wenn es auf einen Ausgleich von Polaritäten ankommt, um einen un-heilen Zustand zu beseitigen, dann haben wir Europäer nur eine Chance: Wir müssen es sein, genau wir, die ihre Kraft für die Heilung der Weltseele zur Verfügung stellen. Es bleibt uns keine andere Wahl, wenn wir uns und unsere Mitmenschen befreien wollen.

Wir müssen beides, Schuld *und* Leid, hinter uns lassen und sowohl unseren eigenen Kindern als auch denjenigen in anderen Teilen der Erde, denen wir unser Weltbild mit all seinen Folgen aufgedrängt haben, ein erweitertes, vollständigeres zurückgeben, und wir müssen es tun, ohne wieder als Konquistadoren oder repressive Missionare aufzutreten. Letzteres ist eine große Schwierigkeit, die nur zu lösen sein wird, wenn wir zu unserem Herzen zurückfinden und alles tun, um es kristallen werden zu lassen. Wir müssen zu einem Weg des tief empfundenen Dienens finden, nicht selbstaufopfernd, sondern aus dem Verständnis heraus, daß wir selbst weder mehr noch weniger wichtig sind als andere. Dazu werden wir den gegenwärtigen übersteigerten Individualismus überwinden müssen, auch bezüglich der Art, wie wir pilgern.

Das ist der Weg hinaus aus unserer Misere und hin zu einem erfüllten Leben in einem neuen, erweiterten Bewußt-Sein, versinnbildlicht in der Metapher der europäischen *Ruta de Wiraqocha*. Auf diesem neuen Weg können wir auf die Vision vom unvergleichlich strahlenden Stein zugehen, als wiedergeborene Europäer, die ganz im schamanischen Sinne ihre eigene Verwundung zu ihrer kraftvollsten Medizin gemacht haben.

Eine Handvoll schamanischer Pilger aus den Dolomiten haben einen rituelles Signal für den Beginn dieser tiefen kollektiven Heilung gesetzt, indem sie ein Bewußtseinsfeld dafür mit-geschaffen haben, nicht nur durch die Reise nach Santiago, sondern auch durch viele weitere Zeremonien an geeigneten Orten zu günstigen Zeitpunkten. Jetzt liegt es an den Lesern dieser Zeilen, aufzubrechen und durch ein weit offen stehendes Portal in dieses vorbereitete Bewußtseinsfeld einzutreten.

Eine Erneuerung der europäischen Kultur durch eine Rückbesinnung auf ihre schamanischen Wurzeln und deren Wiederbelebung ist notwendig, wenn wir wieder zu Kräften kommen wollen.

Sobald ihre Beziehung zu den Naturkräften gestört ist, verliert eine Kultur an Kraft und unterliegt der Gefahr, sich in wortwörtlich bodenlose Scheinwelten zu versteigen. Vielleicht der äußerste Punkt dieses Irrwegs ist die jüngste Entwicklung hin zum Leben in virtuellen Welten, die von Computern generiert werden, durch die wir uns in bedrohlicher Weise von ihnen abhängig und daher äußerst verletzlich machen.

Nachdem die Erinnerung an unsere schamanische Vergangenheit weitgehend ausgelöscht worden ist – und das ist vielleicht die tiefste Wunde in der europäischen Seele –, stehen wir beim Versuch, an sie anzuknüpfen, vor einigen Hindernissen.

Es gibt in Europa wohl kaum noch eine schamanische Tradition, deren Kosmovision, die sich in Mythen, Ritualen, Kunst und Lebensweise ausdrückt, auch nur annähernd vollständig erhalten und noch so lebendig ist, daß sie nach wie vor von einer ethnischen Gruppe gelebt wird, wobei die Tradition der Samen in Lappland wahrscheinlich die einzige Ausnahme darstellt. Alles, was uns bleibt, sind Bruchstücke, die viel Raum für schräge Interpretationen, blühende Fantasie und falsche, das westliche Ego nährende Verwendung lassen.

Wie können wir also diese Wunde heilen, womit können wir die Sehnsucht unserer Seele nach dem verlorenen Juwel stillen?

Das Spektrum an schamanischen Ansätzen, das uns heute angeboten wird, ist weit. Da gibt es einerseits »kulturunabhängigen« Schamanismus, der schamanische Heilungstechniken aus verschiedenen Teilen der Welt losgelöst von ihrem kulturellen

Kontext verwendet und anscheinend auch ohne direkten und langfristig gepflegten Kontakt mit der Natur praktiziert werden kann. Andererseits werden zahllose Seminare und Heilungssitzungen mit Heilern und angeblichen Heilern aus allen Teilen der Welt angeboten, manchmal mit der Anleitung dazu, wie man hier vor Ort selbst einige Aspekte der jeweiligen Tradition praktizieren könnte, was meistens heißt, sich heilerisch zu betätigen.

Dann existiert auch eine Bewegung, die sich gegen den Import von exotischen Heilern und fremden Traditionen ausspricht und zu einem spezifisch europäischen Schamanismus zurückfinden will. Doch bedauerlicherweise ist so manches, was als authentischer europäischer Schamanismus verkauft wird, ganz einfach haarsträubend und tritt unsere Vorfahren eher mit Füßen, statt sie zu ehren. Archaische Erfahrungen und Ekstase haben sicherlich ihren Platz im Spektrum schamanischer Praktiken, aber gleich alles, was nicht Natur pur ist, über Bord zu werfen, um das »echte Wilde« wiederzufinden, bringt uns wohl auch nicht weiter. Und nur gelten zu lassen, was »rein europäisch« ist, auch wenn, wie bereits erwähnt, von den meisten Traditionen unserer Vorfahren nur ein paar Bruchstücke erhalten geblieben sind, ruft bei mir unbehagliche Gefühle hervor und erscheint mir in der heutigen Zeit doch ziemlich eigenartig.

Schließlich gibt es auch ernsthafte Bemühungen, tatsächlich eine neue schamanische *Kultur* zu etablieren, wobei in der Regel auf anderswo Gelerntes zurückgegriffen wird. In Zusammenarbeit mit den Naturwesen und -kräften, die in der jeweiligen Landschaft wohnen, wird dann versucht, eine Form zu finden, es dort zu leben. Wenn dann die »einheimischen« schamanischen Verbündeten helfen, sich an Verlorengegangenes einer früheren Tradition wiederzuerinnern, um so besser. Doch nach meiner Erfahrung ist es dabei äußerst hilfreich, diese Wesen zunächst mit Hilfe von überlieferten Praktiken einer noch lebendigen Tradition zu ehren, die natürlich sensibel an die lokalen Verhältnisse angepaßt werden müssen, um ihr Vertrauen (wieder) zu gewinnen. Eine Lehre in einer solchen Tradition ist auch nützlich, um überhaupt die eigene Fähigkeit zu verläßlichem schamanischen Erinnern zu entwickeln beziehungsweise sie zu verfeinern.

Nach wie vor herrscht jedoch die unkritische Verehrung von Stammes-Schamanen unterschiedlicher Kulturen vor, wobei leider häufig, sei es aus Mangel an Verständnis oder aus Geschäftstüchtigkeit, diejenigen Vertreter von ihnen hier hergebracht werden, die sich allzu leicht von den Verlockungen der westlichen Welt korrumpieren lassen und die man lieber als spirituell nicht sehr hoch entwickelte Heiler bezeichnen würde. Für unbedarfte Heilungssuchende ist es natürlich ziemlich schwierig, wenn nicht unmöglich, die Qualität eines Schamanen einzuschätzen, beziehungsweise zu erkennen, wenn sie eher manipuliert als geheilt werden. Denn im schlimmsten Fall scheuen manche von diesen »Heilern« nicht vor Praktiken zurück, die ich, vorsichtig ausgedrückt, nicht ganz sauber nennen möchte (was durchaus Teil der schamanischen Kultur sein mag, der sie angehören), und solche Praktiken werden dann auch gegen diejenigen eingesetzt, von denen »Konkurrenz« droht. Ich kann leider selbst auf eigene äußerst unangenehme Erfahrungen damit zurückblicken, die insofern auch wieder hilfreich waren, als sie mir einige Illusionen genommen haben.

Was vielen schamanischen Ansätzen in der westlichen Welt fehlt, ist das Verständnis dafür, daß schamanische Arbeit immer in der Landschaft wurzelt, in der man lebt, auch wenn es heutzutage keine Frage sein dürfte, daß diese Arbeit eine planetare Perspektive haben soll. Hier vor Ort ist die Quelle der Kraft, und nur, wer sich der eigentlichen schamanischen Aufgabe des Vermittelns zwischen Menschen und ihrer sichtbaren und unsichtbaren nicht-menschlichen Umgebung widmet, kann sich zu Recht als schamanischer Heiler oder schamanische Heilerin bezeichnen, ganz gleich, ob es sich um persönliche oder planetare Heilung handelt. Das Heilige zu hüten, indem man als aufmerksamer Beobachter und Zuhörer der sichtbaren wie unsichtbaren Natur Störungen im Austausch von *Ayni* bemerkt und sich bemüht, diese zu beheben, darum geht es bei echter schamanischer Arbeit.

Folglich werden uns weder Heilbehandlungen durch Schamanen aus anderen Teilen der Welt oder westliche »schamanische Heilungsspezialisten« noch das Ausleben von »ureuropäischer Wildheit« zu einer neuen, auf einem tiefem Verständnis von *Ayni* beruhenden Lebensweise hinführen können, die unsere bestehende Kultur transformiert, indem sie das schamanisch-mythische Weltbild integriert, ihr damit die verlorene Grundlage wiedergibt und neue Kraft und Lebendigkeit einhaucht.

Um als westliche Menschen zu einer Lebensweise zu gelangen, die das Schamanisch-Mythische mit einschließt, werden wir in der Regel nicht ohne eine Lehre in einer bestehenden schamanischen Tradition auskommen, um in unserem Bewußtsein wieder einen Zugang zu dem zu öffnen, was das Gedächtnis unserer eigenen Landschaft für uns zu lernen bereithält. Denn in diesem Gedächtnis ist die Medizin aufbewahrt, die jene Wunde des verlorenen schamanischen Erbes heilen kann.

Damit die Medizin wirklich in heilsamer Weise wirken kann, werden wir nicht zuletzt auch Werte brauchen, die sinnvolle schamanische Arbeit in unserer Kultur leiten, und auch hierbei können bestehende schamanische Kulturen eine große Hilfe sein, mit ihrem Weitblick genauso wie mit ihren Beschränkungen. *Ayni*, heilige Wechselseitigkeit, und Gemeinschaftlichkeit, Werte, die von der Andentradition vermittelt werden, scheinen mir in diesem Zusammenhang von überragender Bedeutung für uns Europäer zu sein.

Immer wieder habe ich festgestellt, daß unsere Arbeit in der Wayna Fanes-Tradition, deren Entstehen und Selbstverständnis ich im nächsten Kapitel näher beschreiben werde, überhaupt nicht in das Klischee von »Schamanismus« paßt, das hier in Europa immer noch vorherrschend ist, und oft wünschte ich mir, diesen Begriff gar nicht benutzen zu müssen. Doch durch den Verlust einer entsprechenden Tradition ist uns auch in unserer Sprache keine Bezeichnung dafür erhalten geblieben, weder für die Tätigkeit, noch für diejenigen, die sie ausüben. So bleiben uns, zumindest bis sich nicht ein neuer Ausdruck herausgebildet hat, all die Mißverständnisse über schamanische Tätigkeit.

Wenn der Begriff »Schamanismus« nicht mit kulturübergreifenden imaginativen Heilungsmethoden in Zusammenhang gebracht wird, dann wird er, wie schon erwähnt, noch immer häufig mit sogenannten primitiven Kulturen und einer »wilden«, »freien« Lebensweise assoziiert. Wer solche Vorstellungen von Schamanismus hat, empfindet möglicherweise allein das Wort »Tradition« und die Verbindlichkeit von bestimmten zyklisch wiederkehrenden Ritualen als Einengung der persönlichen Freiheit. Daß Mythen, auf die sich solche Rituale gründen, ein wesentlicher Bestandteil des schamanischen Weltbildes sind, ist oft neu für Menschen, die sich für schamanische Arbeit interessieren.

Entsprechend sind sie über die zum Teil sehr komplexen Zeremonien der Wayna Fanes-Tradition überrascht, die in ihrer Substanz auf große Hochkulturen zurückgehen, und lehnen sie ab, weil sie nicht ihren Vorstellungen von Schamanismus entsprechen. Die klare Ordnung einer Zeremonie irritiert sie, die kosmologischen Konzepte sind zu anspruchsvoll und die Phasen von hoher Konzentration dauern zu lange. Und was eine noch größere Herausforderung darstellt, sind regelmäßig gepflegte Gemeinschaft, Verpflichtungen (ein großes Reizwort!) gegenüber ihr und den schamanischen Verbündeten aus der unsichtbaren Welt, und vor allem, einen Weg des Dienens zu gehen.

Doch schamanische Arbeit bewegt sich immer im Spannungsfeld zwischen Selbst, Natur und Kultur und bemüht sich, in allen diesen drei Bereichen und im Beziehungsgeflecht zwischen ihnen eine göttliche kosmische Ordnung zu erhalten beziehungsweise wiederherzustellen. Diese Ordnung findet sich im Mikro- wie im Makrokosmos, und wir werden ihr nicht entkommen. Deswegen sind schamanische Gänge an den Grenzbereich zwischen Ordnung und Chaos ausschließlich dazu da, um diese Ordnung zu erneuern oder unsere Zugehörigkeit zu ihr zu bekräftigen.

Auch die Verletztheit der europäischen Seele äußert sich also in Un-Ordnung, und diese haben wir gründlich über die Welt verbreitet. Was wir daher brauchen, ist ein mutiger, weitblickender und im Herzen genährter Entwurf für eine neue Ordnung. Das ist es, was die Wayna Fanes-Tradition sein will, die bereits im Leben derer, die sie seit Jahren praktizieren, eine neue, bereichernde und inspirierende Ordnung geschaffen hat.

7. Wayna Fanes

Fast zwei Jahre ist es nun her, seit der kleine herzförmige Stein auf meiner Mesa *eingezogen ist, und was für einen Stein hat er ins Rollen gebracht! Inzwischen ist auch ein Herz aus Bergkristall dazugekommen, mit dem er in einem Dialog steht. Doch er, der »gewöhnliche« kleine Stein, war es, der mir geholfen hat zu erkennen, daß unsere Tradition die des kristallenen Herzens ist. Deshalb werde ich ihn immer hochschätzen, auf keinen Fall weniger als das wunderbar klare kristallene Herz, das natürlich sofort die Aufmerksamkeit jedes Besuchers auf sich zieht. Er ist unauffälliger, aber vibriert unheimlich stark, wenn ich ihn in die Hand nehme.*

Als ich beide betrachte, verspüre ich auf einmal ein großes Bedürfnis, etwas an das kristallene Herz des Apu *Fanes zurückzugeben, für all die lichtdurchflutete Klarheit, mit der er mich immer wieder beschenkt. Kostbare Steine und Kristalle werden heute in so großer Zahl der Erde geraubt, lieblos behandelt und verkauft, daß es mir auch von daher als angemessen erscheint, dem Berg zumindest* einen *Kristall zurückzugeben, um so mehr, als auch ich einige davon auf meiner* Mesa *habe.*

Einige Tage später, an einem sonnigen Spätwintertag, mache ich mich zusammen mit einigen anderen Ayllu*-Mitgliedern auf den Weg nach Fanes, um die kostbare Gabe bei den Wurzeln eines besonderen Baumes einzugraben.*

Noch sind wir im Schatten, doch es ist nicht mehr wirklich kalt; man kann den Frühling schon ahnen. Noch bevor wir die Sonne begrüßen können, werden wir Zeugen eines seltenen Schauspiels am Himmel: Hinter der Felswand, unter der wir vorbeigehen, wird ein Teil eines riesigen ringförmigen Regenbogens sichtbar. Die Himmelserscheinung hält lange Zeit an und verstärkt sich sogar noch. Als schließlich die Sonne hinter einem Gipfel auftaucht, ist fast der gesamte Kreis zu sehen. Aus unserem Blickwinkel scheint sich der Regenbogenring genau über dem kleinen See hinter diesem Gipfel zu befinden, von dem unser Mythos berichtet, daß die Rayeta *eines Tages aus ihm auftauchen wird.*

Wir sind fasziniert und glücklich, daß dieses Zeichen genau an diesem Tag erscheint, an dem wir den heiligen Berg mit einem Kristall beschenken wollen. Und noch mehr sind wir voll freudiger Aufregung, als dies ein Zeichen ist, von dem unser Mythos im Zusammenhang mit der Wiederkehr der Rayeta *spricht.*

Es ist nun sieben Jahre her, daß wie das letzte Mal etwas Ähnliches gesehen haben, damals in der Nähe eines anderen Sees, der am Beginn des Mythos eine Rolle spielt. Damals am Ort des Beginns, heute an dem Ort, der in die Zukunft weist; ist das Zeichen so zu verstehen? Der Eindruck, den dieser Ring in den Farben des Regenbogens in mir hinterlassen hat, hält den ganzen Tag lang an.

Später, nachdem wir den großen Kristall am vorgesehenen Ort hinterlassen haben, verspüre ich jene Erleichterung, die sich oft bei mir einstellt, wenn ich das Gefühl habe, Ayni *wiederhergestellt zu haben.*

Wir sitzen noch ein wenig in der Sonne, die den Schnee so gleißend hell werden läßt, daß ich die Augen nicht zu lange offen lassen kann. Kaum schließe ich sie, sehe ich sogleich wieder den kreisförmigen Regenbogen vor meinem inneren Auge. Meine Gedanken wandern zurück zu jenem Tag vor sieben Jahren, als ich zum ersten Mal eine derartige Himmelserscheinung sah. Wenn ich mich zu erinnern versuche, was damals im Gange war, komme ich zu dem Schluß, daß es ziemlich genau der Zeitpunkt war, als der Fanes-Mythos eine immer stärkere Rolle in unserer schamanischen Arbeit zu spielen begann.

In den ersten Jahren des Dolomiten-Ayllu versuchten wir so gut wir konnten, die Pachakuti Mesa Tradition meines Lehrers Don Oscar in unserer Landschaft heimisch zu machen und sie auf unsere Weise zu leben. Daß wir selbst in einer Berglandschaft zu Hause sind und die meisten von uns schon damals naturverbunden waren, kam uns natürlich entgegen.

Als ich dann zu meiner ersten Reise nach Peru aufbrach, versäumte ich es nicht, einige Steine von den Dolomiten mitzunehmen, mit der Absicht, sie dort an bedeutsamen heiligen Orten zu hinterlassen und so eine Verbindung zwischen meinen heimischen heiligen Bergen und denen der Anden zu knüpfen. Aber waren die Apus auf beiden Seiten überhaupt bereit zusammenzuarbeiten? Don Benito hatte sich mir in den Dolomiten gezeigt, was sicher ein starker Hinweis darauf war, daß in der unsichtbaren Welt bereits etwas vorbereitet wurde; dennoch bat ich um eine klare Antwort der großen Anden-Apus während dieser Reise. Ich bekam sie zwei Mal.

Während eines mehrtägigen Trekkings in der Cordillera Blanca schickte Don Oscar mich und einige andere seiner Schüler hinauf zu einem hochgelegenen Gletschersee am Fuße des Alpamayo. Das Wetter verschlechterte sich zusehends, und bald waren wir in dicke Nebel eingehüllt. Der Berg wollte sich offensichtlich nicht zeigen – eine große Enttäuschung nach den Mühen des Aufstiegs. Beim Eissee angekommen, waren wir unschlüssig, was zu tun war, und niemand wollte so recht eine Entscheidung treffen. Doch auf einmal spürte ich einen unwiderstehlich starken Impuls für eine spontane Zeremonie. Irgendwie wußte ich einfach, was zu tun war. Das gab mir den Mut, es zu wagen. Also packte ich meinen Misarumi aus, zeigte ihn dem verborgenen Berg und legte ihn dann behutsam auf einen flachen Stein. Dann forderte ich die anderen auf, einen Kreis um den Misarumi zu bilden und mit K'intus aus Cocablättern Gebete an den Alpamayo zu richten. Wir legten diese auf den Stein, und ich beschwerte sie mit einem meiner mitgebrachten Dolomitensteine, so daß der Wind die K'intus nicht wegblasen würde. Nun zentrierten wir uns, um die heiligen Quechua-Worte für die fünf Himmelsrichtungen zu singen. Kaum hatten wir das dritte Mal »Pachamama« gesungen, als ich mit geschlossenen Augen etwas Warmes, Helles in meinem Gesicht spürte. War das etwa ein Sonnenstrahl, der durch die Wolken brach? Ich ließ dennoch meine Augen geschlossen, bis wir unseren Gesang beendet hatten. Jemandem entfuhr ein leiser Schrei. Jetzt öffnete auch ich meine Augen, denen ich kaum trauen wollte: Vor uns stand der atemberaubend schöne Berg mit seiner dreieckigen Wand, von der Sonne beschienen, während alles ringsum nach wie vor in dichte Wolken gehüllt war. Was für ein Geschenk, tief eingeprägt in meine Seele und gespeichert in meinem Misarumi! Tief berührt und zugleich euphorisch fielen wir einander um den Hals. Als wir uns wieder beruhigt hatten, verstanden wir sehr wohl, daß wir nicht mehr allzu viel Zeit hatten und uns besser an den Abstieg machten. Keine zehn Minuten später war der Berg wieder vollkommen eingehüllt und ließ sich auch während des gesamten Abstiegs nicht mehr blicken.

Die zweite Antwort auf meine Frage bekam ich wenige Tage später bei einem Besuch des großen alten zeremoniellen Zentrums von Chavin de Huantar, oft als die Wiege der südamerikanischen Kultur bezeichnet. Beim Betreten des unterirdischen Labyrinths, das zu der geheimnisvollen Orakelstele des »Lanzon« führt, überkamen mich und zwei meiner engsten Freunde plötzliche Übelkeit, und Visionen von schrecklichen Ereignissen in diesem Tempel blitzen für einen Moment auf. Während sich die beiden anderen schnell erholten, nachdem wir den unterirdischen Gang verlassen hatten, konnte ich mich nur schwer beruhigen. Erst als wir schließlich beim Museum angekommen waren, das wir als nächstes besuchen wollten, fühlte ich mich wieder einigermaßen normal. Doch dort erging es mir nicht besser: Kaum hatte ich den ersten Raum betreten und meine Augen auf eine größere bemalte Vase gerichtet, als ich in Tränen ausbrach, ohne zu wissen, warum. Ich konnte mich überhaupt nicht mehr beruhigen, im Gegenteil, der innere Aufruhr wurde immer stärker. Das Weinen überkam mich in nicht enden wollenden Wellen, und Don Oscar mußte schließlich seine Curandero-Kunst anwenden, um mich aus meiner emotionalen Endlosschleife herauszuschütteln. Noch nie hatte ich dergleichen erlebt.

Der einzige Grund, wieso ich mich dazu überreden ließ, den archäologischen Bezirk am nächsten Tag noch einmal zu betreten, war der Stein von Fanes, den ich mitgebracht, aber aufgrund der geschilderten Ereignisse noch nicht dort hinterlassen hatte. Wir hatten eine Sonnenaufgangs-Zeremonie geplant, waren aber nach einer unruhigen Nacht zu spät dafür aufgestanden. Der Himmel war ohnehin bedeckt, und so hatten wir nicht viel versäumt.

Auf dem großen Platz vor dem alten Tempel angekommen, forderte mich mein Lehrer auf, die Gruppe für eine Weile zu verlassen und meinem Gespür zu folgen, um den richtigen Ort zu finden, wo der Stein von Fanes hinterlassen werden wollte. Ziellos streifte ich hin und her, noch immer verunsichert von meinem gestrigen Erlebnis. Doch auf einmal fühlte ich mich ganz klar von einem Ort angezogen, auf den ich zusteuerte. Auf einem kleinen grasigen Fleck, wo eine einzige winzige Blume blühte, opferte ich mein K'intu für eine Herzensverbindung zwischen den Anden und den Dolomiten und legte meinen Stein darauf. Ich hielt kurz inne, und in demselben Augenblick drang ein einziger Sonnenstrahl durch die Wolkendecke, der meinen Fanes-Stein beleuchtete wie ein präzise ausgerichtetes Spotlicht. Wieder kamen mir die Tränen, doch dieses Mal vor Rührung.

Nach diesem wunderbaren Zeichen wagte ich es sogar, noch einmal die unterirdischen Gänge zu betreten und einige Atemzüge lang vor dem »Lanzon« zu verharren. Erstaunlicherweise bereitete es mir jetzt keinerlei Schwierigkeiten mehr. Vielleicht war es letztlich die Gabe des Fanes-Steins gewesen, die mich von einem uralten Trauma befreit hatte, und das war notwendig gewesen, damit ich von nun an stark genug dafür sein würde, mit der vereinten Kraft von Anden und Dolomiten zu arbeiten.

Nach der Rückkehr von dieser Reise schien es jedenfalls um einiges leichter zu gehen, unsere heiligen Berge aufzuwecken und die notwendige unendliche Geduld für die Arbeit im Ayllu *aufzubringen. Ich fühlte mich eindeutig gestärkt und noch geradliniger auf meine Aufgabe hin ausgerichtet. Kaum aus Peru zurück, beschenkte mich der* Apu *Fanes genau am Tag der Sommersonnwende mit einem ganz besonderen Stein, der auf meiner* Mesa *ein unzertrennliches Paar mit jenem bildet, den ich im Austausch für den hinterlegten Fanes-Stein von Chavin de Huantar zurückbrachte.*

Je lebendiger unsere heiligen Berge wurden, erfreut, daß jemand die Zusammenarbeit mit ihnen suchte und ihren Hunger und Durst stillte, um so mehr drängten sie mich, den Mythos von Fanes wiederzubeleben. Die von Karl Felix Wolff aufgeschriebene Version empfand ich als äußerst unbefriedigend und voller Ungereimtheiten, und so beschloß ich, nur diejenigen mythischen Themen und Bilder aufzugreifen, die eine starke Resonanz in meiner Seele hervorriefen. Die wichtigsten waren die Rayeta, *die Heilige Flamme, die nie fehlenden silbernen Pfeile der Königstochter Dolasilla und der Pakt mit den Murmeltieren, speziell das Bild von Luyanta als der Murmeltier-Zwillingsseele von Dolasilla.*

Entsprechend ihrer zentralen Bedeutung begannen wir mit der Rayeta, *dem unvergleichlich strahlenden Stein, dessen archetypische Kraft eine enorme Anziehungskraft auf mich ausübte. Wir bemühten uns, eine Vision von der* Rayeta *zu erhaschen und suchten dann eine* Khuya *für unsere* Mesa, *meist eine, die dieser Vision einigermaßen entsprach. Für die meisten von uns war es ein diamantartig geschliffener Kristall auf einem flachen hellblauen Stein.*

Dabei blieb es für einige Zeit, bis wir dann, kurz vor jener Regenbogen-Erscheinung ohne Regen, eine Apacheta *an demjenigen Ort bauten, an dem hin und wieder die heilige Flamme hellblau in den Nachthimmel leuchten soll, um ans Reich der Fanes zu erinnern. Am Abend nach dem Bau der* Apacheta *hielten wir auf der Heimfahrt an, weil ein (echter) Regenbogen von einer Leuchtkraft, wie ich ihn noch nie gesehen hatte, vor uns auftauchte. Vielen anderen Menschen erschien dieses Schauspiel ebenfalls äußerst ungewöhnlich, so daß auch sie ihr Auto parkten und gemeinsam mit uns diesen Regenbogen bestaunten.*

Rückblickend scheint es mir, daß wir von diesem Moment an in ein Bewußtseinsfeld eingetreten waren, in dem die Dinge eine nicht mehr zu bremsende Eigendynamik annahmen.

Ein weiteres Schlüsselerlebnis war eine schamanische Reise ins kristallene Innere des Apu *Fanes, wo mir die 13 letzten Pfeile der Dolasilla-Luyanta, ihr Bogen, und auch der Schild ihres Geliebten Ey-de-Net in neuer Form überantwortet wurden. Pfeile, Bogen und Schild waren nicht mehr silbern wie im alten Fanes-Mythos, sondern halb aus Silber und halb aus Gold, und die Pfeile hatten Federn in den Farben des Regenbogens. Jene 13 Pfeile wiederzufinden, durch die Dolasilla nach der schriftlichen Version des Mythos selbst den Tod findet, ist eine notwendige Voraussetzung für ein neues Reich der Fanes. Was es jedoch mit diesen umgestalteten Pfeile, Bogen und Schild auf sich hatte, war noch im Dunklen.*

Von nun an überrollte mich der Mythos geradezu. Ich begriff die Bedeutung des Paktes mit den Murmeltieren, der auf Moltina, die Gründerin des Fanesreiches, zurückgeht, und den wir wieder schließen mußten, wenn wir den Weg für ein neues Fanes, für die prophezeite Verheißene Zeit, bereiten wollten.

Dieser Pakt war gleichbedeutend mit der Erneuerung unserer Beziehung mit der Erde, um die es uns ja ging, soviel war klar. Nach und nach enthüllten sich auch die dazugehörigen Rituale.

Doch das Erstaunlichste war, was mir im nächsten Frühling passierte. Eines Morgens, als ich über einen Dolomitenpaß fuhr, fand ich ein totes, aber äußerlich vollkommen unversehrtes Murmeltier auf der Straße. Zuerst wußte ich nicht, was tun. Ich mußte schnell handeln, denn jeden Moment konnte ein anderes Auto hinter der nächsten Kurve auftauchen. Doch ich bekam die Zeit, die ich benötigte. Ich schaute mich noch einmal um, und dann hob ich kurzerhand das tote Tier auf und verstaute es im Kofferraum, ohne irgendeine Idee, was ich damit tun würde. Ich mußte es ganz einfach mitnehmen.

Doch damit noch nicht genug: Das gleiche spielte sich drei Wochen später noch einmal ab, und auch dieses Mal bekam ich genügend Zeit, um das Murmeltier zu meinem Auto zu tragen. Beim ersten Mal war ich mir sicher, daß mir so etwas nur einmal im Leben passieren konnte, doch beim zweiten Mal konnte ich es dann wirklich nicht mehr fassen. Es war unübersehbar, daß es sich hier um eine sehr deutliche Mitteilung von Seiten der unsichtbaren Welt handelte, die mich eindringlich dazu aufforderte, einen neuen Pakt mit den Murmeltieren zu schließen.

Beim ersten Tier handelte es sich um ein Halbwüchsiges, das im Vorjahr geboren worden war, während das zweite eine große alte Murmeltiermutter war. Nachdem der erste Schmerz über den Tod der Tiere überwunden war, stellte sich die Frage, wie diese großen Gaben am besten zu verwenden wären. Schließlich ließ ich beide fachgerecht präparieren, und alsbald hielten sie, so eigenartig das auch klingen mag, als äußerst lebendige Wesen Einzug auf der Mesa. *Ich hatte gleich nach dem Fund des ersten Murmeltieres entschieden, daß ich es nicht für mich behalten würde, sondern es für die gemeinsame* Ayllu-Mesa *der jungen Fanes zur Verfügung stellen würde. Doch dann kam die große Murmeltiermutter, und ich verstand, daß sie für mich als »Ayllu-Mama« gedacht war. Seither hütet sie den neuen Pakt auf meiner* Mesa. *So wurde mir einmal wieder in eindrucksvoller Weise die vorwärtsgerichtete, vervielfältigende Wirkung des Gebens demonstriert: Ich war großzügig genug gewesen, um das erste Geschenk mit meinem* Ayllu *zu teilen, und daraufhin erhielt ich noch ein größeres.*

An die ganze Fanes-Erzählung wagten wir uns jedoch noch nicht, schon gar nicht an jenen eher verwirrenden Teil, der den Niedergang des alten Fanes-Reiches beschreibt, das damit endet, daß die Rayeta *verlorengeht und die letzten der Fanes von den Murmeltieren in den Berg hineingeführt werden, wo sie seither auf die Verheißene Zeit warten.*

In dieser Geschichte von der Zeit nach dem Friedensreich von Moltina und dem Prinzen von Landro tritt der goldgierige falsche König auf den Plan und macht seine

Tochter Dolasilla zur Kriegerin, während die Königin den Pakt verrät und erblindet. Es ist die Geschichte von Dolasilla, die Luyanta verloren hat, und die heiligen Pfeile aus silbernem Schilf in tödlicher Weise mißbraucht, und von ihrem Geliebten Ey-de-Net, der dabei mithilft, anstatt sie aus der Macht ihres Vaters zu befreien. Es ist auch die Rede von dem bösen Zauberer Spina de Mul, der die Rayeta gestohlen hat und dem Ey-de-Net sie im Kampf wieder abringt, um sie Dolasilla zu schenken, und von der grollenden Zauberin Tsikuta. Weiterhin tragen, zumindest als Randfiguren, eine geschwätzige Krähe, die eine dubiose Rolle spielt, und ein desinteressierter alten Salvan ihren Teil zum tragischen Ende des Reiches bei.

Schon bei dieser kurzen Zusammenfassung läuft mir ein Schauer den Rücken herunter, so deutlich widerspiegeln diese mythischen Bilder den augenblicklichen Zustand der Welt.

Während wir also die Geschichte des alten Fanes ruhen ließen, begriffen wir uns dennoch immer deutlicher als diejenigen, die sich auf die Suche nach der Rayeta gemacht haben und insofern als mythische Nachfahren der Fanes. Wir tasteten uns an unseren eigenen Mythos von Ursprung und Bestimmung heran, der von uns als den wiedererwachenden Fanes sprach und eine Vision von der Wiederkehr der Rayeta entwarf.

Ich kann mich noch gut an diese ersten, etwas unbeholfenen Versuche erinnern, sowohl an die Schwierigkeiten beim Erzählen als auch beim Zuhören. Es war noch so ungewohnt, uns selbst und unsere Arbeit mythisch zu betrachten.

Doch dann, auf einmal, waren die mythischen Wesen selbst wieder da! Sie zeigten sich während Zeremonien mit der Mesa, jedoch nicht als die Missetäter der alten Erzählung, sondern als schamanische Verbündete für die Suche nach dem unvergleichlich strahlenden Stein. Offensichtlich hatten sich nicht nur Pfeile, Bogen und Schild verwandelt, sondern auch sie selbst. In diesem Moment konnte ich nicht mehr ausweichen: Die alte Geschichte mußte neu erzählt werden, und zwar so, daß eine Transformation der mythischen Gestalten stattfand, die sie ihre vom Ego gewählten Irrwege verlassen ließ, so daß sie sich auf ihre eigentliche Aufgabe besinnen konnten.

Statt einem tragischen Ende mußte es zu einem Erwachen im letzten Moment kommen, zu einer Bewußtwerdung noch vor dem Rückzug ins Innere des Berges, der damit eine neue Bedeutung annehmen würde, nämlich die einer Inkubationszeit zwischen dem schamanischen Ego-Tod, der im Moment der Umkehr bereits erfolgt ist, und der Wiedergeburt des transformierten Selbst in vollem Umfang.

Ein so umgestalteter Mythos würde uns zeigen, daß es auch für uns noch möglich ist, aufzuwachen, bevor die Welt in einer Katastrophe größeren Ausmaßes untergehen muß. So schnell wie möglich selbst die Umkehr zu schaffen und dann das Neue im Innen und im Außen sowie an geschützten Orten wie Rayeta Wasi vorzubereiten, um im richtigen Moment zur Stelle zu sein, wenn das Verkehrte sich von selbst totgelaufen hat, scheint mir auch für uns das Beste zu sein, was wir im Moment tun können.

Die Wieder-Begegnung mit den mythischen Wesen war die Geburtsstunde der Wayna Fanes-Tradition. Nun stand es fest: Wir waren nicht mehr länger nur ein europäischer Zweig der Pachakuti Mesa-Tradition. Fanes war neben der Andentradition zu einer so bedeutenden zweiten Quelle von schamanischer Weisheit, Kraft *und Kosmovision geworden, daß es notwendig erschien, dem Kind einen eigenen Namen zu geben, und damit auch zu bekunden, daß wirklich eine eigenständige europäische schamanische Tradition entstanden war.*

Wir wählten das Quechua-Wort »wayna«, was »jung« bedeutet, um zu betonen, daß wir nicht das alte Fanesreich wiederherstellen wollen, sondern für ein neues arbeiten, und wir wollten Quechua, die Sprache der peruanischen Anden, in unserem Namen haben, um unsere Verbundenheit mit der dortigen Tradition zu unterstreichen. Im Zuge der Gründung unserer eigenen Tradition entstand auch unser Symbol, das zugleich ein Mandala für eine Meditation über die wiederkehrende Rayeta *ist, die ihren Platz im Herzen haben wird.*

Kaum hatten wir das Geburtsritual der Wayna Fanes-Tradition gefeiert, begann sich der neue Mythos zu enthüllen. Die mythischen Wesen zeigten mir die Plätze in der Landschaft, an denen sie erwacht waren, und erzählten mir dort und an meiner Mesa *vieles über sich selbst, das man nicht bei Karl Felix Wolff und anderen Schriftstellern lesen kann. Einiges war überraschend und veränderte das Bild von ihnen und ihren Taten in drastischer Weise. So entstand der Neue Mythos von Fanes, der aus drei Zeitaltern besteht.*

Das erste beschreibt ein friedliches Reich, das von der Gründerin Moltina, die bei den Murmeltieren aufgewachsen ist, ins Leben gesungen wird, und in dem die Menschen gemeinschaftlich und im Einklang mit der Natur leben. Das zweite erzählt von den Irrungen und Wirrungen, die entstehen, wenn diese heilbringende Ordnung durch das erwachende unreife Ego durcheinandergebracht wird, wobei bisher noch unbekannte hohe Kräfte falsch und in selbstsüchtiger Weise verwendet werden. Das dritte, das den Übergang zum Zeitalter der Wiederbegegnung und schließlich zur Verheißenen Zeit schildert, hat gerade erst begonnen, mit dem Auftauchen der Wayna Fanes, *der jungen Fanes, und ihren transformierten mythischen Verbündeten. In diesem beginnenden Zeitalter wird es dann auch klar, daß die neuen gold-silbernen Pfeile mit den Federn in den Regenbogenfarben für die Strahlen der* Rayeta *oder der neuen Mond-Sonne stehen, bei deren Aufgehen ein ringförmiger Regenbogen entsteht. Von diesen Pfeilen, die Dolasilla-Luyanta von ihrem neuen gold-silbernen Bogen abschießt, während Ey-de-Net mit seinem jetzt ebenfalls gold-silbernen Schild voll und ganz hinter ihr steht, getroffen zu werden, bedeutet Transformation, nicht physischen Tod.*

Diese neue Fassung des Mythos ist immer noch in Bewegung, noch immer kommt bei jedem Erzählen, sei es an der Mesa *oder an den heiligen Plätzen in der Landschaft, ein neues Detail dazu, und so lebt und wächst der Mythos mit uns und unserem Verständnis von ihm. Neue Rituale, neue Musik und Veränderungen auf der* Mesa *sind durch ihn gekommen; zweifellos ist er zur treibenden Kraft in der Ausformung und Verfeinerung unserer Tradition geworden.*

Mir wird ganz warm ums Herz und mein Bauch fängt an zu kribbeln, wenn ich an all die aufregenden und wunderbaren Momente denke, die ich seit dem letzten ringförmigen Regenbogen-Ereignis vor sieben Jahren erleben durfte. Sie wiegen all die Schwierigkeiten, all die Arbeit, manchmal bis zur Erschöpfung, und all die Ärgernisse mit Mitmenschen, die natürlich auch reichlich aufgetreten sind, mehr als auf.

Eigentlich darf ich mich wirklich nicht beklagen angesichts eines solchen Erfahrungsschatzes, den ich angesammelt habe, um ihn zu teilen. Manchmal ist es mir nicht ganz geheuer, wenn ich mir die Geschwindigkeit anschaue, mit der sich unsere Tradition in den letzten paar Jahren entwickelt hat. Sie erscheinen mir wie ein ganzes Leben, so dicht angefüllt waren sie. Kann es in der gleichen Geschwindigkeit weitergehen? Werde ich in der Lage sein, alles richtig zu verstehen und auszuführen, was mir die unsichtbare Welt aufträgt, werde ich mit meiner eigenen Entwicklung damit Schritt halten können?

Die Herausforderung, diese meine schamanische Aufgabe zu erfüllen und zugleich in einer Welt zu überleben, die keinerlei Verständnis dafür hat, ist manchmal fast überwältigend groß. Ich kann nur meinen Apus *vertrauen, daß sie mich weiter leiten werden, und mich glücklich schätzen, daß es meine Seelen-Gefährten vom Dolomiten-*Ayllu *gibt, und vielleicht schon bald viele andere* Ayllus *in anderen Teilen Europas und der Welt.*

Als ich die Augen wieder öffne und die strahlend weißen Gipfel von Fanes vor mir sehe, kommt es mir vor, als wäre ich selbst nach einer langen Zeit im Inneren des Berges herausgekommen, und die Welt wäre jetzt reif für die Wiederkehr des unvergleichlich strahlenden Steins. Ist nicht heute Morgen das erste Zeichen erschienen, von dem der Mythos spricht? – Dann werden wohl die neuen schamanischen Pilger nicht mehr lange auf sich warten lassen und die skeptischen Blicke meiner Mitmenschen, wenn ich ihnen von heiliger Wechselseitigkeit und Gemeinschaft erzähle, bald der Vergangenheit angehören!

Der Abstieg ist lang, das Gehen mit den Schneeschuhen anstrengend und unangenehm laut. Schweigend stolpern wir alle vor uns hin, müde, aber zufrieden mit der Arbeit des heutigen Tages. Diesen großen Kristall dem heiligen Berg zurückgegeben zu haben, fühlt sich an wie etwas, das längst überfällig war. Die Kristallhöhle im Inneren des Berges genährt zu haben und die Wurzeln des Baumes, die bis in sie hineinreichen, erscheint mir als angemessener Dank für all die Reisen, die mich in diese Kristallhöhle geführt haben, einschließlich der, auf der mir die 13 Pfeile, der Bogen und das Schild anvertraut wurden.

Heute weiß ich um die Bedeutung dieses Geschenkes, und ich weiß auch, daß irgendwo in dieser kristallenen Welt die Rayeta *im Wasser schwimmt, wo sie gemeinsam mit Yimela und Suleiki, den Zwillingskindern von Dolasilla-Luyanta und Ey-de-Net, heranwächst, die erst zusammen mit ihr das erste Mal diese Welt betreten werden. Mit ihrer Ankunft wird das* Taripay Pacha, *die Raumzeit der Wieder-Begegnung, begonnen haben, dann, wenn ein Regenbogenring bei Tag und bei Nacht am Himmel zu sehen sein wird.*

Das also ist mein Angebot an die Menschen in Europa: ein Mythos, der so ganz anders ist als die klassischen Heldensagen. Ein Mythos, von dem ein gold-silbriger Zauber ausgeht, wo der sanfte Windhauch das Schilf zum Klingen bringt, wo die Männer lernen, hinter den Frauen zu stehen und in königlicher Weise zu Diensten zu sein, und wo die Frauen ihrer hohen Verantwortung gerecht werden. Ein Mythos, der beschreibt, wie ein intaktes Bündnis mit der Erde zu einem blühenden Reich führt, das die Schätze in der Erde läßt und sie statt dessen füttert, auf daß der Baum seines Volkes reiche Früchte trage, und das die unermeßliche Kraft des unvergleichlich strahlenden Steins zum Wohle aller verwendet. All das spielt sich in den geheimnisvollen »Bleichen Bergen« ab, die vor sehr, sehr langer Zeit anläßlich des Besuchs einer Mondprinzessin mit einem Netz aus zu Fäden gesponnenem Mondlicht überzogen wurden.

Die Anklänge an ein schamanisches Weltbild sind unübersehbar, und das ist es, was diesen Mythos so einmalig in Europa macht. Betrachten wir zum Beispiel das zentrale Motiv des Paktes mit den Murmeltieren und des schamanischen Gestaltwandels zwischen Mensch und Murmeltier, zu dem die Gründerfigur Moltina in der Lage ist, so ist es unübersehbar, daß hier noch Erinnerungen an eine totemische Gesellschaft erhalten geblieben sind, und die Tatsache, daß die magischen Silberpfeile sowie die *Rayeta* selbst in den Händen einer Frau liegen, deuten auf die Herkunft des Mythos aus einer matrilinearen Kultur hin.

Wie kommt es jedoch, daß sich, trotz Christianisierung, so altes Gedankengut in einigen Tälern der Dolomiten erhalten hat und nicht anderswo? Und ist es überhaupt dort entstanden? Die Antwort der Sagenforschung ist ziemlich eindeutig: Die Ursprünge des Fanes-Mythos sind in Kleinasien zu suchen, und es handelt sich um die Überreste eines der großen kosmologischen Mythen der Menschheit.

Auch unsere schamanischen Einsichten bestätigen dies; so tauchen beispielsweise immer wieder Bilder von Kleidungsstücken auf, die aus dieser Gegend stammen, und die auftauchenden Namen jener mythischen Wesen, die nicht mehr überliefert waren, ähneln griechischen, sumerischen oder babylonischen Wörtern. Welche Volksgruppe von Kleinasien bis in die Dolomiten vorgedrungen ist und den Mythos dort heimisch gemacht hat, ist weniger klar.

In jedem Fall ist eigentlich das gleiche passiert wie mit unserem »Import« der Andentradition: Mythen und Rituale, die in der neuen Landschaft Widerhall finden, werden ein Teil von ihr, wenn die Menschen sie dort zu leben beginnen, und unterliegen einem Wandel, im Zuge dessen die elementaren Kräfte und Wesen jener Landschaft in sie integriert werden. Kann man den Fanes-Mythos also mit Recht »europäisch« nennen? – Sind zwei oder drei Jahrtausende seit seiner Ankunft in Europa genug?

Oft stelle ich, wenn Leute mir vorwerfen, bestimmte Elemente der Andentradition seien hierzulande zu fremd, die Gegenfrage, ob etwa das Christentum in den Alpen erfunden worden sei. Lamas passen nicht hierher, sagen Bauern, deren steile Wiesen durch die Überweidung mit Huftieren erodieren. Aber Kartoffeln, Bohnen und Tomaten gehören selbstverständlich zu unserer bodenständigen Küche! Wenn ich dagegenhalte, daß diese Pflanzen neben vielen anderen, die täglich auf unserem Speisezettel stehen, erst vor wenigen Jahrhunderten bei uns eingeführt worden sind und ursprünglich aus den Anden stammen, sind sie sehr erstaunt.

Die eigentliche Frage ist also, wie lange geistiges oder materielles Gut in einer bestimmten Gegend Teil der Kultur gewesen sein muß, um als einheimisch *gespürt* zu werden. Denn schließlich sind Völker immer wieder weite Strecken gewandert und auch schon seit uralten Zeiten in kulturellem Austausch miteinander gestanden, möglicherweise sogar zwischen Kontinenten.

Schamanisch gesehen ist es jedoch nicht die verstrichene Zeit, die ausschlaggebend dafür ist, daß etwas einheimisch wird, sondern ob es nicht nur in die kollektive Seele der menschlichen Bewohner, sondern auch in die Seele der Landschaft eingegangen ist.

In jedem Fall empfinde ich eine tiefe alte Verwandtschaft zwischen der Andentradition und dem schamanischen Erbe von Fanes, das zum Teil sogar in der aufgeschriebenen Version noch durchklingt und das sich mir durch die Arbeit mit dem Mythos mehr und mehr enthüllt.

Persönlich gehe ich davon aus, daß jene Menschen, die einst den Fanes-Mythos hier hergebracht haben, entweder direkt oder über ihre Vorfahren in Kontakt mit den alten Kulturen der Anden standen, das heißt, daß beide Traditionen gemeinsame Wurzeln haben. Wenn das so ist, dann hilft es zu erklären, wieso ich es als so mühelos erlebt habe, die Bande zwischen Anden und Dolomiten neu zu knüpfen, denn sie mußten ja nur wiederbelebt werden, und die *Apus* hatten schon lang auf diesen Moment gewartet!

Es ist jedoch nicht notwendig, dieser Annahme zuzustimmen, um die Wayna Fanes-Tradition praktizieren zu können. Wer die Resonanz des Fanes-Mythos in seiner Seele spüren kann und die Werte, die wir von unserer peruanischen Muttertradition übernommen haben, bejaht, erfüllt alle Voraussetzungen dafür.

Es ist auch nicht notwendig, hier in den Dolomiten zu leben, denn über *Seq'e*-Linien ist von überall her eine Verbindung mit dieser Kraftquelle und Heimat des Mythos möglich, wenn man einmal in die Tradition initiiert worden ist. Zumindest eine Pilgerschaft dorthin ist jedoch unumgänglich, um mit dem eigenen Körper und der eigenen Seele der mythischen Landschaft begegnet zu sein und eine wechselseitige Beziehung mit ihren heiligen Orten angeknüpft zu haben, die sich dann auch aus der Distanz aufrechterhalten läßt.

Ansonsten ist das Eingehen einer wechselseitigen schamanischen Beziehung mit der Landschaft, in der man selbst lebt, von herausragender Bedeutung. Deren kraftvolle Orte werden dadurch Teil des *Seq'e*-Netzes, das sich allmählich über den ganzen Kontinent ausdehnen wird.

Niemandem, der nicht über einen längeren Zeitraum und kontinuierlich mit einer Landschaft eine schamanische Beziehung gepflegt hat, und sei es auch ein noch so bedeutender Schamane aus einem anderen Teil der Welt, wird die Kraft dieser Landschaft voll und ganz zur Verfügung stehen. Die Tiefe der Seelenbeziehung fehlt, und die lokalen Geistwesen werden sich daher zurückhaltend präsentieren.

Europäer sollten sich das merken und sich endlich *Pachamama* vor ihrer eigenen Haustür zuwenden. Aber sie sollten andererseits auch nicht den Fehler machen, zu denken, daß es ohne den Rückhalt einer Tradition, die uns die der Kraft der schamanischen Vorfahren und eines verbindenden Mythos vermittelt, geht.

Es scheint leider Teil des Zeitgeistes zu sein, möglichst keine Verpflichtungen eingehen zu wollen, und deshalb finden sich auch nur sehr wenige, die bereit sind, ein echtes langfristiges schamanisches Lehrverhältnis einzugehen, durch das eine verbindliche Beziehung mit der unsichtbaren Welt entsteht, die man nicht jederzeit nach Belieben unterbrechen oder beenden kann. Eine schamanische Beziehung ist und bleibt eine ernsthafte Angelegenheit, keine Spielerei, und man hat es mit Wesen zu tun, die nicht nur weitaus mächtiger, sondern auch viel weitblickender sind als wir Menschen. Sie brauchen *uns* als Mittler, denn ihre Möglichkeiten der Einflußnahme in der materiellen Welt sind begrenzt, und wir brauchen *sie*, denn uns fehlt ihre Kraft und Weisheit. Mit uns zusammenzuarbeiten erfordert großes Vertrauen von ihrer Seite, und es ist der Sinn von initiatorischen Proben, die ein schamanischer Schüler bestehen muß, seine Vertrauenswürdigkeit und Standhaftigkeit unter Beweis zu stellen. Verletzen wir dieses Vertrauensverhältnis, so müssen wir auch mit Konsequenzen dafür rechnen, wie es ja im übrigen auch in einer zwischenmenschlichen Beziehung der Fall sein würde! Ein schamanisches Lehrverhältnis erfordert also ein hohes Maß an persönlicher Integrität und Reife.

Wenn wir davon ausgehen, daß sich die Menschheit als ganze gegenwärtig in der Pubertät befindet, worauf unser Umgang miteinander und der Erde hindeutet, so braucht es uns nicht zu sehr wundern, daß häufig auch eine entsprechende Einstellung bezüglich schamanischer Arbeit anzutreffen ist. Diese könnte man kurz gefaßt so beschreiben: Ich will die Kraft (oder Macht) und das Recht, sie so zu benutzen, wie ich will, aber möglichst keine Pflichten. Eine andere Variante ist: Ich habe Angst vor meiner eigenen Kraft und will lieber auf sie verzichten, denn wenn ich sie annehmen würde, müßte ich Verantwortung für meinen Umgang mit ihr übernehmen.

Das reichliche und breitgefächerte Angebot im spirituellen Bereich, mit dem wir gegenwärtig und wahrscheinlich das erste Mal in der Geschichte der Menschheit konfrontiert sind, öffnet natürlich Tor und Tür für eine Mentalität, die dadurch gekennzeichnet ist, daß man immer wieder andere Workshops besuchen, sich überall die schmackhaftesten Brocken schnappen und alles vermeiden kann, was das Ego zu viel herausfordern würde. Es ist angesichts der Vielfalt des Angebots ein Leichtes, zu einem anderen Anbieter zu gehen, wenn einem etwas zu unbequem ist, und zu glauben, daß man die Bedingungen in einer Lehre selbst diktieren kann. Auf diese Weise ist es dem Ego gelungen, sich ganz raffiniert in die spirituelle Szene einzuschleichen.

Um so schwieriger ist es für Suchende, den Sinn und Wert eines echten spirituellen Weges zu begreifen und den Mut dafür aufzubringen, einen solchen einzuschlagen. Für eine schamanische Lehre heißt das, zu verstehen, daß man nur durch das Eingehen einer verbindlichen Beziehung mit der unsichtbaren Welt wirklich zu schamanischer Kraft kommen kann und daß diese dafür da ist, der Erde und der Menschheit einen Dienst zu erweisen, einschließlich sich selbst, aber nicht nur sich selbst.

Eine zusätzliche Schwierigkeit ist der übertriebene Individualismus, der uns vorgaukelt, daß jegliche Tradition eine Einengung unserer persönlichen Freiheit bedeutet, während es doch ausreichend ist, einfach nur dem eigenen Gefühl zu folgen, das sich natürlich von Augenblick zu Augenblick ändern kann. Dann können wir unsere spirituelle Praxis so gestalten, wie sie für uns – das heißt, unser Ego – paßt. Doch passen sollte es für unser höheres Selbst, das um seine Verbundenheit mit der Weltseele weiß, und um seine Mit-Verantwortung für sie.

Der Fanes-Mythos erinnert uns nicht nur an unsere Verpflichtungen der Erde gegenüber, er zeigt uns auch, wie wir mit hohen kosmischen Kräften, versinnbildlicht durch ein zweites Totemtier, das Hermelin, umgehen müssen, ohne in die Fallen des zweiten Zeitalters von Fanes zu tappen.

Der Verlust des Paradieses des ersten Zeitalters ist unumgänglich, um in Berührung mit diesen Kräften zu kommen, was sein soll und nicht etwas Verbotenes ist, das wir Menschen besser nicht tun sollten. Jedoch müssen wir lernen, diese Kräfte zu meistern, wofür es wesentlich ist, daß wir sie nur im Zusammenspiel mit höheren Wesen verwenden dürfen, deren Blick weiter reicht als unserer.

Die »Verheißene Zeit« ist also nicht eine Rückkehr zur guten alten Anfangszeit, sondern ein nie vorher da gewesenes *Pacha*, in dem die Ego-Verfehlungen des zweiten Zeitalters überwunden sind und mit den grundlegenden Erfahrungen des ersten Zeitalters auf einer erweiterten Bewußtseinsebene integriert werden.

Die Vision des heraufdämmernden dritten Zeitalters und das Wissen darum, daß die mythischen Gestalten bereits aufgewacht sind, leiten uns auf unserem eigenen Weg aus der Sackgasse heraus. Ihr Vorbild ist ermutigend, indem es uns zeigt, daß eine Umkehr möglich ist, wenn wir nur uns selbst verzeihen und die Gewißheit erlangen können, daß wir gerade *wegen* unserer Verfehlungen eine neue Chance bekommen werden, vorausgesetzt, wir sind bereit, aus ihnen zu lernen. Noch haben wir uns anscheinend nicht ganz dafür entschieden, denn kollektiv befinden wir uns eindeutig noch immer in der Endphase des zweiten Zeitalters. Das heißt, daß wir immer noch nicht aus der Pubertät oder dem Stadium des unreifen Ego herausgewachsen sind, das, wie viele schamanische Kulturen sagen, in einem Zustand des Schlafwandels herumstolpert.

Auch wenn sich erfreulicherweise viele von uns die Augen zu reiben beginnen und kurz davor stehen, ihren Schlafwandel zu beenden, ist die Seele der Menschheit noch lange nicht aufgewacht. Das ist es, wo wir stehen, obwohl uns bestimmte Strömungen innerhalb der New Age-Bewegung vorgaukeln wollen, daß wir die Verirrungen und Verwirrungen dieses zuendegehenden Zeitalters bereits hinter uns gelassen haben. Ich halte es für eine gefährliche Illusion, daß wir ab sofort, und ganz für uns selbst, in einer Welt von Licht und Liebe (und vor allem viel Geld) leben können, wenn wir nur unsere mentalen Kräfte entsprechend einsetzen. Solche Ideen scheinen mir doch viel eher raffiniert pseudo-spirituell verpacktes Gedankengut des zweiten Zeitalters zu sein!

Ist es nun legitim, was ich mit dem Fanes-Mythos getan habe? Ist es gerechtfertigt, von seiner schriftlich »festgelegten« Fassung abzuweichen und außerdem die Erzählung weiterzuführen? Ich meine ja.

Zunächst ist zu sagen, daß ich nicht einfach den Mythos abgeändert habe, sondern daß seine neue Gestalt aus der Gesamtheit meiner schamanischen Arbeit heraus entstanden ist, als Resultat vieler Ausflüge in andere, mythische Realitäten und als Resultat einer tiefen wechselseitigen Beziehung mit der Seele von Fanes.

Wenn im Zuge dessen die mythischen Wesen sich selbst zu Wort meldeten, dann halte ich das für eine glaubwürdigere Quelle als das, was ein Autor auf der Basis dessen aufgeschrieben hat, was an Bruchstücken zu der damaligen Zeit noch erzählt und vielfach nicht mehr verstanden wurde. Der schamanische Weg der Erkenntnis scheint mir für einen Mythos mit eindeutig schamanischen Wurzeln der angemessene zu sein.

Wie viele Veränderungen mag dieses Material über die Jahrhunderte hinweg erfahren haben, als das schamanische Weltbild längst verlorengegangen war, und was hat der Autor selbst dann noch damit getan? – Und was wäre die ursprüngliche Fassung, wo es doch feststeht, daß der Mythos bei seiner Ankunft in den Dolomiten große Veränderungen erfahren hat. Es ist nicht ausgeschlossen, daß meine Fassung tatsächlich näher an einer früheren ist. Doch auch das ist nicht wirklich wichtig, denn es ist das Wesen eines Mythos, daß er sich mit den Menschen, die ihn erzählen, wandelt.

In den ladinischen Dolomitentälern hatte sich noch bis vor hundert Jahren eine Erzählkultur erhalten, und deswegen konnte der Mythos dort überleben. Um den Zeitpunkt herum, als er aufgeschrieben wurde, ging diese Kultur der mündlichen Überlieferung zu Ende, und die Fanes-Sage wurde auf das festgelegt, was im Buch steht.

So wird meine Erzählung natürlich auf den Widerstand derer stoßen, die den Mythos genau so haben wollen, wie er aufgeschrieben worden ist.

Mythen haben immer auch die fundamentalen Lehren einer Kultur vermittelt, und entsprechend müssen sie sich mit der Entwicklung dieser Kultur wandeln. Für den wissenschaftlichen Zugang zu ihnen ist das ein äußerst störender Umstand. Immer noch ist es unter Anthropologen verbreitet, in Mythen die verschlüsselte Beschreibung konkreter historischer Ereignisse sehen zu wollen. Es ist für westliche Menschen schwer verständlich, daß eine mythische Kultur kein Geschichtsverständnis in unserem Sinne hat.

Man kann sich zum Beispiel endlos darüber streiten, ob die überlieferte Namensliste der Inkaherrscher von historischen Personen oder mythischen Gestalten spricht. Im Weltbild der Inka war diese Frage absolut irrelevant. Deshalb ist es auch unsinnig, ihnen eine Manipulation der Geschichte zu ihren Gunsten vorzuwerfen, indem sie Mythen veränderten oder »erfanden«. Um ihren eigenen Ursprungsmythos zu wissen, war für sie eine vitale Notwendigkeit, um ihren Platz in der kosmischen Ordnung zu definieren, deren Abbild auf der Erde sie schaffen wollten.

In einer schamanisch-mythischen Kultur gibt es also nicht so etwas wie »Geschichtsfälschung«; Geschichte ist das, woran man sich zu erinnern entscheidet, weil es der Welt jetzt einen Sinn gibt und ihr eine wünschenswerte Richtung weist.

Diese Art von Umgang mit der Vergangenheit hilft auch der kollektiven Seele, traumatische Erfahrungen zu überwinden, indem man nicht die wortwörtliche Erinnerung an sie am Leben zu erhalten versucht wie bei uns. Hingegen kann man solche Erfahrungen in einen Zusammenhang stellen, der die Seele weiterbringt, zum Beispiel in einer Geschichte von den Geschehnissen zwischen mythischen Wesen in grauer Vorzeit, die Lernen ermöglicht, ohne Schuldgefühle zu erzeugen oder alte Wunden wieder aufzureißen.

Der Neue Mythos von Fanes will lehren, was laut der Weisheit seiner archetypischen Wesen für die heutige Zeit und die Zukunft der Menschheit von Bedeutung ist, und hat sich dementsprechend gewandelt, so wie es Mythen immer schon getan haben.

Er ist aus dem schamanische Weltbild der Wayna Fanes-Tradition heraus entstanden, und so haben auch Elemente aus der Andentradition Einzug in ihn gehalten, die allerdings, wie oben erwähnt, sehr wohl auch Teil der ursprünglichen Fanes-Tradition gewesen sein könnten.

Zu dem Zeitpunkt, als der Mythos sich zu enthüllen begann, hatten wir schon viele Jahre lang unsere Form der Andentradition in unserer Landschaft heimisch gemacht, und von daher ist es zwangsläufig so, daß diese wiederum als Bestandteil ihrer Seele im Mythos auftauchten.

Ich beanspruche keinesfalls, eine »echtere« Fassung der Fanes-Sage hervorgebracht zu haben als die bekannte. Für mich ist wichtig, daß sie schamanisch-mythisch gesehen kohärent (stimmig) ist und das Potential hat, unsere individuelle wie kollektive Seele zu heilen, so daß wir uns auf die Verheißene Zeit hin orientieren können, statt uns vor einem Weltuntergang zu fürchten. Deswegen heiße ich diesen Epos auch den Neuen Mythos von Fanes.

Es geht mir um die Rückkehr der *Rayeta* in nie vorher dagewesener Schönheit und Leuchtkraft, nach der wir uns im Grunde alle sehnen, und darum, daß wir unser Herz bereit machen für sie. Es ist mein tiefster Wunsch, daß der unvergleichlich strahlende Stein eines nicht zu fernen Tages aus unser aller Herzen leuchten wird, und ich habe dieses Buch geschrieben, damit möglichst viele Menschen sich an ihn er-innern und sich gemeinsam mit mir auf die Suche nach ihm machen.

Im folgenden Teil 2 finden sich Anleitungen für eine kurze Meditation und eine einfache rituelle Praxis, die allen Lesern den Einstieg in eine grundlegende schamanische Praxis für die Erneuerung ihrer Beziehung mit der Erde und für die Wiederkehr der *Rayeta* ermöglichen. Wer bereit ist, sie auszuführen, leistet einen wertvollen Beitrag zur Schaffung eines unterstützenden Feldes für die Arbeit der Wayna Fanes-Tradition und wird dadurch selbst reichlich beschenkt werden, in *Ayni*.

Teil 2

Unsere eigene Beziehung zur lebendigen Erde erneuern

Grundpraxis: Meditation mit dem Wayna Fanes-Symbol

Sie finden eine Abbildung des Symbols auf Seite 97. Wenn Sie einen größeren Ausdruck für Ihre Meditation wünschen, können Sie das Symbol als PDF herunterladen unter www.neue-erde.de/wayna-fanes. Oder Sie senden einen 5 Euro-Schein an Neue Erde, Cecilienstr. 29, 66111 Saarbrücken. Wir senden Ihnen dann einen Digitaldruck im Format Din A4 (plano) zu.

Die folgende Meditation sollte vorzugsweise am Mittwochabend zwischen 20 und 23 Uhr ausgeführt werden, da dies der Zeitpunkt ist, zu dem *Mesa*-Trägerinnen und -Träger weltweit (in der jeweiligen Zeitzone) ihre *Mesa* aktivieren, um sich miteinander zu verbinden und die gemeinsam erzeugte Kraft für die Heilung der Weltseele aussenden. Mit der Symbol-Meditation zur gleichen Zeit tragen Sie zur Stärkung dieses Bewußtseinsfeldes bei und bekommen im Austausch die Unterstützung dieses Feldes für Ihre eigene Meditation. Sollte es Ihnen unmöglich sein, zu diesem Zeitpunkt zu meditieren, können Sie es natürlich auch mittwochs zu einer anderen Uhrzeit tun. Wenn Sie es zusätzlich auch am Samstagvormittag tun können, wäre es optimal! Sollte es wirklich an keinem der beiden Tage für Sie möglich sein, dann meditieren Sie an einem anderen Tag. Sie können es natürlich auch öfter tun; je öfter, um so besser!

- Suchen Sie sich einen möglichst ungestörten, ruhigen Ort in Ihrer Wohnung oder wo auch immer Sie gerade sind, und setzen Sie sich aufrecht hin, entweder auf dem Boden oder auf einem Stuhl, wobei Ihre Handflächen nach oben gerichtet sind. Das Symbol sollte vor Ihnen auf einem Tisch oder auf dem Boden liegen, so daß Sie es mühelos betrachten können. Das rote Dreieck sollte dabei unten sein.

- Schließen Sie zunächst die Augen und atmen Sie einige langsame tiefe Atemzüge, wobei Sie auf ein vollständiges Ausatmen achten sollten. Sobald sich Ihre Gedanken beruhigt haben und Sie nur noch der Atembewegung folgen, richten Sie Ihre Aufmerksamkeit auf Ihren Scheitelpunkt, den obersten Punkt auf Ihrem Kopf. Stellen Sie sich vor, daß sich dort eine kleine Öffnung befindet und versuchen Sie, ein leichtes Kribbeln an diesem Punkt zu spüren. Fassen Sie die Intention, diesen Punkt während der gesamten Meditation offen zu lassen.

- Dann konzentrieren Sie sich auf Ihr Herz (in der Mitte des Brustkorbs, nicht links!) und wecken die Sehnsucht nach dem unvergleichlich strahlenden Stein in ihm. Sobald Sie diese spüren können, öffnen Sie die Augen wieder und schauen für etwa 15 Minuten in das Symbol hinein. Ihr Blick sollte dabei weich und nicht zu fokussiert sein, fast wie beim Betrachten eines dreidimensionalen Bildes.

Lassen Sie sich überraschen, welche Teile des Musters hervortreten, sich bewegen oder verschwimmen. Es wird nicht jedes Mal gleich sein. Sollten Ihre Augen zu sehr ermüden, können Sie diese auch zwischendurch für kurze Zeit schließen.

Am Ende der Meditation schließen Sie die Augen für einen Moment und lassen die Bilder nachwirken.

- Dann bringen Sie Ihre Aufmerksamkeit zurück zu Ihrem Herz, auf das Sie Ihre linke Hand legen, während Sie die rechte Handfläche zum Symbol hin richten. Nachdem Sie vollständig ausgeatmet, dann wieder eingeatmet und für einen Moment die Luft angehalten haben, blasen Sie sanft ins Symbol hinein als Geste des Gebens für die Weltseele.
- Nun kehren Sie die Position Ihrer Hände um, so daß die rechte Hand auf Ihrem Herzen liegt und die linke Handfläche zum Symbol gerichtet ist. Wieder atmen Sie vollständig aus und bewegen beim Einatmen Ihre linke Hand auf Ihr Herz zu, bis die linke Hand auf der rechten liegt. Nachdem Sie für einen kurzen Augenblick die Luft angehalten haben, atmen Sie sanft durch die Nase aus, womit Sie in *Ayni* die im Symbol enthaltene Medizin-Kraft in Ihrem Herzen verankern.

Das Symbol sollten Sie an einem ungestörten festen Platz aufbewahren, offen oder zugedeckt.

Mit dieser Meditation nähren Sie Ihre eigene Seele und zugleich die Weltseele; ein perfekter wechselseitiger Austausch von Kraft.

Erweiterte Praxis mit dem Symbol und Steinen

- Lassen Sie sich von einem gewöhnlichen kleinen Stein anziehen, dem Sie bei Sonnenschein irgendwo in der Umgebung Ihres Wohnortes begegnen und der Sie in irgendeiner Weise an die Sonne erinnert, das heißt der die Qualität von »Sonne« verkörpert.
- Machen Sie einen Spaziergang an einem Abend kurz vor Vollmond oder am Vollmondtag selbst und lassen Sie sich wiederum von einem kleinen Stein »finden«, dieses Mal von einem, den Sie mit dem Mond in Verbindung bringen.

Symbol-Meditation unter Einbeziehung der beiden Steine

- Legen Sie in der Zeit zwischen Ihren Meditationen den lunaren Stein in der linken Hälfte des Symbols auf die silbergrauen elliptischen Linien und den solaren in der rechten Hälfte des Symbols auf die goldgelben elliptischen Linien.
- Stimmen Sie sich auf die Meditation mit geschlossenen Augen ein wie bereits beschrieben. Während der Meditation, wenn Sie ins Symbol hineinschauen, halten Sie den lunaren Stein in der linken und den solaren in der rechten Hand.
- Wenn Sie danach die Augen schließen, legen Sie vorher beide Steine nebeneinander genau in die Mitte Ihres *Wayna Fanes*-Symbols, so daß sie sich berühren, wobei wiederum der lunare Stein links und der solare Stein rechts liegen sollte.
- Wenn Sie Ihre Augen wieder öffnen, nehmen Sie das Bild von den beiden sich berührenden Steinen für einen Moment in sich auf, bevor Sie die Steine wieder zurück in die Ellipsen legen, genau gleich wie vorher. Schauen Sie ins Zentrum des Symbols, das jetzt wieder sichtbar ist.
- Legen Sie jetzt Ihre linke Hand aufs Herz und richten die rechte auf das Symbol, um die Meditation wie oben beschrieben zu beenden.

Ayni-Austausch im Rhythmus von lunaren und solaren Zyklen

- Bei Vollmond legen Sie den lunaren Stein an einen Platz im Freien, wo er dem Mondlicht ausgesetzt ist; das kann auf dem Fensterbrett, dem Balkon oder im Garten sein. Sollte der Himmel in der Vollmondnacht bewölkt sein, tun Sie es dennoch, auch bei Regen oder Schnee, aber dann an einem überdachten Platz. Das Mondlicht dringt dennoch durch! Vergessen Sie nicht, von ganzem Herzen die alles Wachstum regulierende Kraft von Mutter Mond zu würdigen, wenn Sie ihr den Stein anvertrauen, und spritzen Sie als Geste der Wechselseitigkeit ein paar Tropfen klaren Schnaps oder reines Quellwasser zum Himmel hinauf. Am nächsten Morgen legen Sie den Stein wieder zurück auf Ihr Symbol.

- An den Sonnwenden und Tagundnachtgleichen (Frühlings-, Sommer-, Herbst- und Winteranfang) nehmen Sie den solaren Stein und gehen mit ihm zu einem Platz in der Natur, den Sie als besonders bezaubernd oder kraftvoll empfinden, z. B. ein Hügel, ein alter Baum, ein besonderer Felsen oder eine Quelle. Der beste Zeitpunkt dafür wäre um den Sonnenhöchststand herum (das heißt bei Normalzeit um 12 Uhr und bei Sommerzeit um 1 Uhr mit den entsprechenden Abweichungen je nach Lage in der jeweiligen Zeitzone) oder der Moment des Sonnenaufgangs. Sollte das mit Ihren Arbeitszeiten nicht vereinbar sein, so gehen Sie zu einem anderen Zeitpunkt dorthin, aber auf jeden Fall nach Sonnenaufgang und vor Sonnenuntergang.

- Irgendwo auf dem Weg nehmen Sie einen weiteren Stein mit, der sich dafür anbietet. Am Ort Ihrer Wahl angekommen, öffnen Sie Ihr Herz in Liebe für diesen Platz auf *Pachamama* und halten Ihren solaren Stein mit beiden Händen für einen Moment zur Sonne hin, um ihn mit der lebensspendenden Kraft von Inti, Vater Sonne, aufzuladen. Dann legen Sie ihn für einige Minuten auf die Erde, während Sie sich selbst der Sonne (ob sichtbar oder verdeckt) zuwenden und den jeweiligen Moment im Sonnenzyklus (Sonnenwende oder Tagundnachtgleiche), das heißt die kosmische Ordnung, auf Ihre persönliche Weise ehren.

- Wenn Sie den Stein wieder aufheben, hinterlassen Sie an der Stelle, wo er vorher gelegen ist, eine kleine Gabe für *Pachamama*, zum Beispiel ein wenig Maismehl, Tabak, getrocknete Kräuter oder Früchte oder ein paar Tropfen klaren Schnaps und legen den Stein, den Sie auf dem Weg mitgenommen haben, darauf. Dieser Stein bleibt dort, als der erste von vielen weiteren, die Sie im Lauf der Zeit dort hinbringen werden. An den folgenden Sonnwenden und Tagundnachtgleichen geben Sie Ihre Gabe an die Erde diesem Stein und allen weiteren, die Sie nach und nach dort hinbringen werden, und die gemeinsam allmählich die Form eines kleinen pyramiden- oder kegelförmigen Steinschreins annehmen können. Natürlich können Sie zusätzlich jederzeit »Ihren« heiligen Ort besuchen und ihm auch gerne Steine von vielen anderen Plätzen bringen.

- Falls Sie wirklich nicht die Möglichkeit haben, an diesen Tagen einen derartigen Ort in der Natur aufzusuchen, dann führen Sie das Ritual irgendwo im Freien aus, wo Sie gerade sind, lassen den solaren Stein dabei in Ihren Händen und stellen sich vor, daß Sie ihn am Ort Ihrer Wahl auf die Erde legen. Sobald Sie können, gehen Sie physisch dorthin und hinterlassen Ihre kleine Gabe.

- Sie können immer dann, wenn Sie sich ungeordnet, durcheinander, aufgewühlt oder haltlos fühlen, für einige Minuten den lunaren Stein in der linken und den solaren Stein in der rechten Hand halten, so lange, bis Sie beide Seiten im Gleichgewicht spüren. Sollte das nicht so schnell gelingen, so vertauschen Sie die beiden

Steine für einige Minuten und halten Sie anschließend wieder so wie am Anfang. Vergessen Sie jedoch nie, die beiden Steine danach wieder auf das Symbol zu legen und, bevor Sie das tun, sie mit ein paar Tropfen Schnaps zu füttern. *Pachamama* mag Hochprozentiges! Es ist übrigens eine gute Idee, die Steine auch jeweils nach der Meditation in der gleichen Weise zu füttern.

Dieses Ritual hilft Ihnen, sich als Teil einer höheren Ordnung zu begreifen und Ihren eigenen Platz in dieser bewußt einzunehmen. Zugleich helfen Sie, das Zeitalter der Wiederbegegnung vorzubereiten, das durch eine neue, ausbalancierte soli-lunare Ordnung gekennzeichnet sein wird.

Die Symbol-Meditation mit den Steinen und der *Ayni*-Austausch im Rhythmus von lunaren und solaren Zyklen gehören zusammen und entfalten daher erst dann ihre volle Wirkung, wenn sie gemeinsam ausgeführt werden. Sie decken so viele Facetten von Rayeta-Bewußtseinsarbeit ab, wie ich für sinnvoll und möglich halte, im Rahmen eines Buches zu vermitteln.

Wer sie ausführt und Appetit auf mehr bekommt, sollte eine schamanische Lehre in der Wayna Fanes-Tradition in Betracht ziehen oder zunächst einen öffentlichen Wochenend-Workshop besuchen, an dem der Neue Mythos von Fanes erzählt wird, oder an einer schamanischen Pilgerschaft teilnehmen. Das jeweils aktuelle Lehrprogramm finden Sie unter www.waynafanes.org.

Falls Sie eine Rückmeldung zu Ihrer Erfahrung mit den beschriebenen Praktiken geben oder selbst eine Veranstaltung in Ihrer Region organisieren wollen, so können Sie uns gerne unter info@waynafanes.org kontaktieren.

Teil 3

Schamanische Anrufungen an die mythischen Wesen von Fanes

Das nebenstehende *Wayna Fanes*-Symbol entstand auf der Grundlage einer Vision, kurz bevor der neue Mythos von Fanes Gestalt anzunehmen begann. Das Original ist ein von mir selbst gemaltes Aquarell. Das Symbol dient als Vorlage für die in Teil II beschriebene Meditation zur Erneuerung unserer Beziehung mit der Erde. Es wird, besonders auch im Zusammenhang mit den mythischen Bildern aus den Anrufungen in Teil III, so manche inspirierende Assoziation wecken und die Vision von *Wayna Fanes* in Ihnen selbst lebendig werden lassen.

Die auf den nächsten Seiten folgenden Texte sind aus gesprochenen Anrufungen an die Gestalten aus dem Neuen Mythos von Fanes entstanden, wie sie häufig während einer Zeremonie an derjenigen Apacheta *oder* Waka, *mit der sie besonders eng verbunden sind, in der Konzentration des Augenblicks zu mir kommen. Entsprechend werden in den Anrufungen beide, die mythische Gestalt und der heilige Ort, der in den meisten Fällen Schauplatz ihres Erwachens aus dem »Schlafwandel« ist, gemeinsam gewürdigt. Ich teile sie hier mit dem Leser/der Leserin, um etwas vom Zauber und der seelen-heilsamen Kraft des Mythos und seiner Landschaft vermitteln zu können, ohne den Mythos selbst aufschreiben zu müssen, denn dieser will erzählt werden.*

Dem Text ist jeweils ein Foto von dem angesprochenen heiligen Ort oder seiner näheren Umgebung gegenübergestellt, um eine noch nähere Begegnung mit der Seele von Fanes zu ermöglichen.

Die Anrufungen können still oder laut gelesen werden, und, nachdem es sich um mythische Paare handelt, am besten immer zwei unmittelbar nacheinander. Nach dem Lesen dieser beiden Anrufungen wäre es am wirkungsvollsten, die Augen für einige Minuten zu schließen, um das Entstehen von inneren Bildern zu erlauben und die in den Worten enthaltene schamanische Medizin wirken zu lassen.

Moltina, die Gründerin

Hier in diesem zauberhaften Tal,
erfüllt von sommerlich üppigem Leben,
hier, zwischen blendend hellen, geschwungenen Wänden,
lieblichen Wiesen und ruhig strömendem Wasser,
ist der Platz, wo du zur königlichen Frau geworden bist
und von wo du dich aufgemacht hast, um das große Werk zu vollbringen,
von dem die Murmeltiere längst schon wußten,
daß es deines war;
müde vom Davonlaufen, warst du endlich bereit,
dein Volk zum Ort seiner Bestimmung zu führen
mit der Unwiderstehlichkeit deines Gesanges;
hier rufe ich dich, Moltina,
dich, große Gründerin des blühenden Reiches von Fanes,
dich, Kind der Erde und doch Gast von den Sternen;
du hast die Kraft, um Fanes aufs Neue ins Leben zu singen;
die Glut deiner Lieder läßt bleiche Felsen rot leuchten,
läßt wachsen und sprießen im Überfluß;
die Sonne geht auf, wenn deine Weisen erklingen,
und ihr Widerhall leuchtet noch einmal auf, wenn sie untergeht;
du läßt die Spirale des Lebens sich drehen,
und lehrst uns, daß wir unsere Flucht aufgeben,
und vielmehr voller Vertrauen, und aufrecht,
auf das unvermeidliche Neue zugehen können,
sobald wir die Sehnsucht unserer Seele erkennen;
hier rufe ich dich, denn wir brauchen dein Feuer,
und deine Hingabe an Mutter Erde und ihre Kinder;
ja, wir sind bereit, aufzubrechen in ein Neues Fanes,
und sehnen uns nach deinen Melodien;
komm, lehre uns deine Lieder,
gib uns den Mut, selbst unsere Stimme zu erheben,
die Stimme von Schönheit und liebendem Willen,
fast verstummt in diesen Tagen,
übertönt vom Lärm einer Welt, die ihre Seele verloren hat;
stärke unsere leuchtende Lebenskraft
und singe hinein in die Blüte unserer Seele,
so daß wir deinen Traum mitträumen können,
und dir voller Freude den Weg bereiten helfen
für die Wiederkehr des unvergleichlich strahlenden Steins;
geh du voran, öffne das Tor,
auf daß wir tief nach innen gehen werden und dann weit hinaus,
um gemeinsam mit dir und den Murmeltieren
an jenem neuen Morgen
die Sonne zu begrüßen.

Turmin, einst Prinz von Landro, der um die rechte Ordnung weiß

Du warst staunender Zeuge, als der Berg aufleuchtete,
feuerrot, in jenem warmen Licht,
das dir den Weg wies bis hier her
zu dem großen heiligen Felsen,
Ursprungsstein der Fanes,
so rot und leuchtend wie Moltinas Berg;
hier fielst du ehrfürchtig auf die Knie,
bereit, den großen Auftrag anzunehmen,
bereit, dich ihrer würdig zu erweisen;
hier erinnere ich mich an dich und rufe dich her,
während ich hinausschaue
in die atemberaubende Landschaft,
so wie einst du, als du hier zur Ruhe kamst
und fraglos einverstanden warst mit allem, was nun kommen würde;
ohne Zögern ließest du alles hinter dir,
um sie wiederzufinden,
und das hieß,
deine Bestimmung anzunehmen, voll und ganz,
auf das angenehme Leben im heimischen Schloß zu verzichten,
all die scheinbare Sicherheit aufzugeben
und dem Ruf, dem unüberhörbaren, zu folgen,
um ihr zur Seite zu stehen, hier an dem großen heiligen Stein,
und seinen Klängen zu lauschen, so wie ihrem Lied;
denn du wußtest um Moltinas Kraft,
und der Stein, er lehrte dich,
wie alles, was durch sie gedieh,
sich ordnen ließ in Schönheit,
zum Wohle aller Wesen
in diesem segensvollen Reich der Fanes;
die Rosenknospen gingen auf, berührt von deiner Hand,
in deinem Garten blühten alle Seelen,
sie hatten ihren Platz in ihm und kannten ihren wahren Namen;
hier vor dem Ursprungsstein der Fanes,
den ich von tiefstem Herzen liebe,
warte ich geduldig, bis auch ich
wirklich verstehe, wie einst du,
und bitte dich, mit mir zu sein;
du bist es, der uns die Ohren öffnen kann,
so daß wir lernen, erst zu horchen, dann zu reden;
hilf uns, den Klang aufs Tiefste aufzunehmen,
der einst die Fanes durch den langen dunklen Gang geleitet hat
und uns offenbaren wird,
wie der Garten neu und schöner noch erblühen kann.

Die Sehende Königin, Hüterin des Paktes

Du Sehende Königin, zeige dich!
Weit war dein Weg durch die dunkle Nacht der Seele,
doch du bist ihn schließlich gegangen,
hin zu jenem Licht, das du nie zuvor gesehen hattest;
all deinen Mut hast du zusammengenommen
in der Stunde der Verzweiflung,
als es nichts mehr zu verlieren gab,
um dein Bündnis mit der lebendigen Erde zu erneuern,
das du einst verraten hattest
zum Schaden deiner selbst und deines Volkes;
doch schließlich hast du es gewagt,
Verzeihung zu erbitten bei den Murmeltieren,
von denen du hier,
Angesicht zu Angesicht mit den drei großen Schwestern aus Stein,
all das gelernt hattest, was wirklich zählt;
hier her, wo du so oft den Flug der Falken bewundert hattest,
haben dich Eulen begleitet;
geduldig hatten sie gewartet auf deine Umkehr,
die alte Zirbelkiefer auf dem flachen Stein,
die anmutigen Lärchen, das weiche Gras mit den duftenden Blumen,
und am meisten die treuen Verbündeten,
die von deiner Ankunft geträumt hatten,
dort im Inneren der Erde;
von der blinden bist du zur sehenden Königin geworden,
als du mit neuen Augen hineingeschaut hast
in den unvergleichlich strahlenden Stein,
und nie mehr wirst du vergessen, woher du gekommen bist
und wohin zu gehen du bestimmt bist;
du verstehst es, die sieben Schalen bis zum Rand zu füllen,
denn du weißt um das große Geheimnis des Lebens,
unendlicher Strom von Geben und Nehmen,
und so bitte ich dich, auch unsere Augen zu erhellen,
die immer noch blind sind vor Neid und Angst;
ich rufe dich hier, am Ort deiner Wandlung,
hier weiß ich, daß du meine Stimme hörst und mein Herz siehst;
lehre uns, das Geheimnis zu bewahren
für diejenigen, die nach uns kommen werden,
so daß auch sie hier stehen werden,
auf dieser so kostbaren Erde,
um als aufrechte Menschen dem neuen Fanes entgegenzublicken,
so wie du und deine alten Verbündeten, die Murmeltiere;
dafür singe ich dein Lied, dafür gehe ich selbst,
so weit mich meine Füße tragen.

Der Aufrichtige König, der jetzt ein Fanes ist

Ich stehe vor der heißgeliebten zarten jungen Lärche,
Baum der jungen Fanes, umgeben von dem Ring aus Steinen,
der wächst, gemeinsam mit dem Baum;
beide sind genährt von einem großen Traum,
dem von der Wiederkehr des einen Steins;
einst muß er hier gestanden sein, der hohe alte Baum,
vor dem du, damals noch der Falsche König,
kläglich zusammenbrachst,
und mit dir all der Wahnsinn,
in den du dich verstiegen hattest;
daß du, der so weit abgekommen war vom Weg,
imstande warst, von ganzem Herzen zu bereuen,
und dann bereit, von einem weisen Baum zu lernen,
das rührt mich an, zutiefst, und hilft mir so,
das Ungeheuerliche zu verzeihen;
es gibt mir neue Hoffnung auch für uns,
die wir noch immer nach der falschen Art von Reichtum streben;
mit deiner Hilfe wird es möglich sein für alle Menschen
zu begreifen, daß die Aurona,
jener Schatz tief in der Erde,
dort bleiben soll,
und daß, wenn wir ihn füttern statt ihn auszubeuten,
er unser aller Lebensbaum im Überfluß ernähren wird,
so daß er kräftig und weit ausladend in die Höhe wachsen kann;
Aufrichtiger König, komm, hilf uns,
deine Demut vor der Heiligkeit der Erde jetzt in uns selbst zu spüren;
laß uns, so wie du, nicht in der Schuld verharren,
sondern vielmehr das Neue nähren, das die alten Wunden heilt:
Laß uns das Geschenk des Lebens dafür nutzen,
daß wir die Juwelen unserer Seele funkeln lassen, wunderbar,
und sie voll Freude an die Welt verschenken,
so großzügig wie die Murmeltiere waren,
als sie trotz allem, was geschehen war,
dir Einlaß gaben in ihr Reich
und dich ein Fanes werden ließen;
große Kraft ist hier durch deine Wandlung:
Ja ich weiß, du mußtest so weit in die Irre gehen,
um schließlich zu verstehen;
doch jetzt zeige dich, lehre uns, die Erde wieder neu zu ehren;
dann wird der Baum von *Wayna Fanes* unaufhaltsam wachsen,
und er wird Erde und Himmel verbinden,
und der unvergleichliche Stein wird strahlen wie noch nie zuvor.

Tsikuta, die den Blitz zu lenken weiß

Kaum nähere ich mich deiner Wohnstätte,
hier oben zwischen kargen Felsgerippen,
wo sich, gänzlich unerwartet,
jenes Becken öffnet mit dem launenhaften See,
wo sich tiefe Spalten auftun, Risse in der Haut des Berges,
nur spärlich überdeckt von kurzem zähem Gras,
wo aber auch der gelbe Mohn wächst,
Zeichen deines Erwachens aus unheilvollen Träumen,
und kühn gekrümmte Felsen von dem Aufruhr zeugen,
der in dir war,
als du das alte Fanes sahst zugrunde gehen,
nicht ohne dein eigenes Zutun,
kaum nähere ich mich diesem Ort voll archaischer Kraft,
spüre ich schon deine Gegenwart,
und die Luft knistert vor Spannung;
nichts kann man vor dir verbergen, was der Verwandlung bedarf,
und vor der man sich fürchtet;
wenn du den heilsamen Blitz lenkst,
angezogen von dem machtvollen Wettersee,
dann schmiedest du die Seele um;
du tötest nicht, nein,
du befreist uns von dem, was längst tot ist,
und erneuerst uns für ein größeres Leben,
in dem die Verwirrung sich auflöst,
weil das hellblaue Leuchten in unserem Herzen erwacht;
so rufe ich dich, durchblasen vom Wind deines Bruders,
mit größtem Respekt;
zögere ich, fühle ich mich beklommen,
weil ich nicht sicher bin,
ob nicht auch ich mich selbst betrüge und verleugne,
was umgewandelt werden soll in mir,
und unausweichlich umgewandelt werden wird,
sobald ich es wage, mich deiner Macht auszusetzen?
Nein, es gibt kein Zurück mehr, ich stelle mich dir,
mit offenen Augen trete ich dir entgegen,
und bitte dich um deine Medizin,
denn ich weiß,
du hast den roten Mohn überwunden und dich besonnen;
so vertraue ich darauf, daß dein Donnergrollen nicht mir gilt,
sondern den Illusionen, die ich immer noch nähre;
komm, Tsikuta, große Zauberin von Fanes,
fülle deine Muschelschale:
Ich heiße ihn willkommen, den dreifachen Blitz!

Spina de Mul, der Meisterheiler

Schon erklingt der unheimliche Ton deines Gamshorns,
hallt es wider von den Felsen,
und ich spüre deinen Wind im Nacken,
entfesselt, ruhelos, wie aus einer nie versiegenden Quelle;
allgegenwärtig ist der Wind hier am Ort deiner Niederlage,
die doch ein Sieg war,
ein Sieg deines Gewissens, ein Triumph deiner wahren Größe;
dein falscher Zauber war am Ende,
hier, bei Nacht und Sturm,
an diesem luftigen Ort, wo beide Fanes sich begegnen;
auch deine beiden Seiten kamen hier zusammen,
so daß du reifen konntest und zum Meisterheiler wurdest,
zu dem, der aufrüttelt, unerbittlich,
um dem Blitz seiner Schwester Einlaß zu verschaffen,
den sie mitten ins Herz lenkt,
um es glasklar zu machen für den Widerschein
des unvergleichlich strahlenden Steins,
vermittelt von dir;
einst wolltest du ihn besitzen und nahmst ihm damit die Kraft;
jetzt weißt du, daß du hingegen sein Leuchten
tief in die Seelen hineinspiegeln sollst;
ja, du beherrscht die Elemente, zu unserem Besten jetzt,
und dich braucht nur zu fürchten,
wer sich gegen den Wandel wehrt, der unabwendbar ist,
dessen Steine du ins Rollen bringst,
sobald die Zeit dafür gekommen ist;
ich rufe dich eindringlich:
So viele Seelen sind erstarrt und trüb und brauchen deinen Sturmwind,
so wie auch jene Nebelschwaden, die du zu schicken vermagst,
in denen alles Trügerische ein für alle Mal verschwindet;
ja, du entblößt uns bis auf die Knochen,
nur das Wesentliche bleibt noch übrig;
wehe den Wind des großen Umbruchs herbei,
jenen Wind, in dem bald gold-silberne Pfeile
dem höchsten Ziel entgegenfliegen werden,
um sich hineinzuschrauben, tief in die Seele der Welt;
Spina de Mul, laß uns endlich deine Kraft willkommen heißen,
befreie uns von der lähmenden Angst,
die uns zu Feinden von einander werden ließ
und von uns selbst,
so daß wir schließlich soweit kamen, zu vergessen,
daß diese Erde, voll von ungezähmter Kraft,
unser aller Mutter ist.

Dolasilla-Luyanta, die Ganzgewordene

Du bezaubernder, bizarrer Ort zwischen den Welten,
wo Himmel und Erde sich näher sind als anderswo,
du großer machtvoller heiliger Ort,
entstanden durch die Kraft des Lichts,
jenes brillanten Lichtes, das Felsen in Stücke zerbrach,
als der unvergleichlich strahlende Stein nach einer langen Zeit der Dunkelheit
erstmals hierher auf die Erde kam;
hier kehrt meine Seele heim,
hier, wo du, Dolasilla-Luyanta, ganz wurdest,
damals, als dein Herz zu leuchten begann;
ich spüre deine Gegenwart, brauche dich nicht einmal rufen,
denn du bist ja schon hier;
lang vorbei ist die Zeit, als du die silbernen Pfeile
wider besseren Wissens mißbraucht hast,
um die Flamme auszulöschen, statt sie neu zu entzünden,
längst vorbei ist die Zeit, als du nicht wußtest, wer du bist;
jetzt trägst du zu Recht das Hermelin über dem Murmeltierrock,
und deine dreizehn neuen gold-silbernen Pfeile
werden ihr edles Ziel nie verfehlen,
ihr Regenbogen wird aufsteigen über dem unergründlichen See,
und zugleich sich vom Himmel herabsenken, bis beide verschmelzen;
dann wird der unvergleichlich strahlende Stein wiederkehren,
unvorstellbar klar und doch unendlich tief,
und Gold und Silber werden sich berühren im Glanze seines Lichtes,
und du wirst dein leuchtendes Herz teilen
mit uns allen;
ich weiß, du weilst schon unter uns mit deinem gold-silbernen Bogen
und bereitest uns vor auf den Augenblick, auf den wir so sehnsüchtig warten;
du hast den ersten Pfeil schon angelegt,
wir brauchen uns nur nach dir ausrichten, nur ganz dir vertrauen,
dann werden wir nie das hohe Ziel aus den Augen verlieren
und mutig selbst die Sehne spannen mit vereinter Kraft,
aus Liebe für die Mutter Erde und uns, ihre Kinder;
alles ist gleißend hell hier an diesem Ort,
so weiß wie dein Kleid und so leuchtend wie jene,
die uns einst als Geschenk den unvergleichlich strahlenden Stein brachte,
und die wiederkommen wird,
sobald du ihn empfangen hast aufs Neue;
voller Freude singe ich dein Lied,
große, unbeschreibliche Dolasilla-Luyanta,
hier werde ich eins mit dir und deinem Schrein,
und fraglos bereit, mein Herz zu opfern und den Weg zu gehen,
den du mir weist.

Ey-de-Net, der ihr vertraut

Der tiefgründige, kreisrunde See unter der goldgelben Felswand,
er liegt spiegelglatt;
so muß es gewesen sein, als du hineingeblickt hast in ihn,
um endlich mit dem Herzen zu sehen
und deinen Namen ganz zu leben;
heute schaue ich hinein in sein Wasser
und sehne jenen Tag herbei, wenn du hier stehen wirst
mit deinem glänzenden gold-silbernen Schild;
hinter ihr wirst du stehen, voller Vertrauen,
wenn sie den edlen Bogen spannen
und das geschehen wird,
was du, den Schild versonnen drehend,
damals schon geahnt hast
in der Tiefe des Wassers;
oh Ey-de-Net, mögen alle Männer dieser Welt
zu ihrem Herzen finden so wie du,
lehre sie, den Schild zu drehen und ihr Rückenwind zu geben;
und mögen alle Frauen dieser Welt
diese Liebe als die wahre spüren und erwidern;
jetzt, da ich dich rufe am Ufer des magischen Sees der Erscheinungen,
scheint es auf einmal greifbar, könnte es jeden Augenblick geschehen,
daß wir tatsächlich alle hier stehen,
begleitet von dir und ihr,
und sich dein großer Herzenstraum ganz mühelos erfüllt;
ganz still wird es nun,
und alles scheint den Atem anzuhalten,
um ja nicht zu stören, wenn das Wunderbare sich entfaltet,
ja, nun ist es gewiß, daß es geschehen wird,
das Tor dafür ist aufgegangen,
zuerst in deinem Herzen, und jetzt in meinem auch;
Ey-de-Net, komm her zu mir,
hinter den Spiegel laß uns gemeinsam schauen
und die herrliche *Rayeta* sehen,
wie sie aufsteigt aus der Tiefe,
und auch die zarten Klänge hören,
durch die das Wasser sich bewegen wird;
dann wird niemand, keine Macht der Welt,
verhindern können,
daß Fanes neu erwachen und zur Blüte kommen wird,
mehr noch als je zuvor,
das gold-silberne Fanes der Verheißenen Zeit,
atemberaubend schön
im Glanz des unvergleichlich strahlenden Steins.

Die Weise Rabenfrau, Stimme der heiligen Berge

Schon höre ich deinen Flügelschlag,
als ich mich dem atemberaubenden Ort nähere,
hoch oben am Grat,
wo du mit deiner Kette aus funkelnden Hagelkörnern,
die Altes zerschlagen und neue Fruchtbarkeit bringen,
die Heilige Flamme entzündest, die ein neues Fanes verheißt,
sichtbar für diejenigen, in deren kristallklaren Herzen
das hellblaue Feuer seinen Widerschein findet;
uralt bist du, Rabin, und trägst in dir die ferne Erinnerung
an jenes allererste schwarze Licht;
immer schon warst du die Botin der Bleichen Berge,
schon damals, als sie noch dunkel waren wie dein glänzendes Kleid;
wenn es Zeit ist, fliegst du hierher,
einmal zur Stunde des Abendsterns,
der die Flamme entfacht für eine ganze Nacht,
und einmal zur Stunde des Morgensterns,
der sie brennen läßt für einen ganzen Tag;
damals, als du flatterhaft und geschwätzig,
nicht mehr imstande warst,
die Stimme der Heiligen Berge zu übermitteln,
als du schlau warst, doch nicht klug,
brachten deine Worte Verderben über Fanes,
doch hier, schließlich verirrt in dichtem Nebel,
kamst du nicht mehr davon;
Angesicht zu Angesicht mit dem Sternenstein
hast du zurückgefunden zum ursprünglichen schwarzen Licht,
aus dem das weiße einst geboren wurde;
still bist du geworden, und so konntest du das erste Mal seit langem
die Bleichen Berge wieder zu dir sprechen hören,
und auch begreifen, was ihr Wille ist:
Du sollst uns helfen, ihre Stimme selber zu vernehmen,
nur dafür wirst du deine Worte jetzt gebrauchen;
ja, komm geflogen, tanze im Wind über mir,
wenn ich diesen hohen, vibrierenden Ort ehre,
und lehre mich, die Stimme des heiligen Berges
selbst zu hören und sie zu verstehen;
so wie du will ich still werden hier,
und nur deinen weisen Worten lauschen,
die der Wind zu mir herweht, und deren Klang die Flamme nährt;
unaussprechlich sind die machtvollen Worte,
die ich hier vernehme,
und meine Antwort ist
mein Gebet, mein Gesang und meine Gaben.

Der Alte Salvan, der die Fäden zieht

Ein Sonnenstrahl bricht durch die Wolken
und berührt den Schrein, vor dem ich stehe
auf der Suche nach dir, Alter Salvan;
hier oben, dem Himmel nahe, spinnst du deine Fäden,
gleich jenem Sonnenstrahl, mit dem du dich
mir zu erkennen gibst;
du spannst sie weit, von Schrein zu Schrein im ganzen Fanesreich;
auch im Glanz des vollen Monds webst du an einem Netz,
dem Lichtkleid, das die Bleichen Berge tragen;
du weißt auch um die Macht von Sternenlicht
und kannst es kunstgerecht verteilen,
zu allen Gipfeln ziehen, auf die du blickst von hier;
einst hast du dich verfangen in den Fäden, die du zogst,
zu hoch oben, zu entrückt warst du, mit Wolkenhut und Federschuhen;
die Menschen und ihr Leid, sie waren so weit unten,
vergessen hattest du den Dienst für sie;
jetzt ziehst du wieder segensreiche Fäden,
die jene leiten auf dem Weg, die ihnen folgen,
auf dem Weg des Herzens aus Kristall,
für ein neues Reich der Fanes, das die Erde wieder ehrt;
lang hast du auf uns gewartet, bis wir endlich aufgebrochen sind,
um jenen Stein zu suchen, der so unvergleichlich strahlt,
und lang hat es gedauert,
bis wir endlich deine Fäden glitzern sehen konnten;
viele Male sind wir sie entlang gegangen,
gezogen von der Kraft, die durch sie fließt,
als Pilger für die Erde und all ihre Kinder,
denn für sie suchen wir den Stein aller Steine;
auch du hast dich erinnert, für wen du deine Netze weben sollst,
als du aus deinem Wolkenkuckucksheim gefallen warst
und schmerzhaft Steine unter dir gespürt hast;
jetzt bist du stets zu Diensten,
und so rufe ich dich herbei, Alter Salvan,
der du alte und neue Fäden zusammenknüpfst,
hier oben, wo Fanes dir zu Füßen liegt;
du lehrst ohne Worte, denn aus deinen Fläschchen,
gefüllt mit Tropfen aus dem großen Sternenfluß
fließt das Verstehen tief in uns ein;
jetzt kann ich es sehen,
das Lächeln in deinem zeitlos alten Gesicht;
in deinem Lichtgeflecht kann ich darauf vertrauen,
daß ich den Faden
nie mehr verlieren werde.

Yimela, die erste neue Fanes

Yimela, du liebliche,
noch unberührt von dieser Welt wächst du heran;
in unterirdischen wie himmlischen Gewässern,
tief im Inneren des Berges, verborgen,
in den glitzernden Tempeln von Fanes
spielst du mit dem unvergleichlich strahlenden Stein,
zusammen mit deinem Zwillingsbruder;
beide seid ihr geboren von der, die den Stein aufs Neue empfangen wird,
und werdet gemeinsam mit ihm diese Welt betreten,
dann, wenn Himmel und Erde sich nahe genug sein werden,
doch muß die *Rayeta* noch wachsen, genau wie ihr beide;
hier, an diesem seelenvollen Ort, wo einst Turmins Rosengarten wuchs,
wo ich nach oben wie nach unten lausche,
um jene Klänge zu vernehmen,
mit denen du den Stein noch mehr zum Leuchten bringst,
hier bist du mir schon ganz nahe,
hier kann ich dich sehen, fröhlich und unbefangen,
wie du dort in der Kristallwelt den wundersamen Stein befühlst,
dich an ihn schmiegst, um eins mit ihm zu werden;
ich sehe auch den Stern auf deinem weißen Kleid,
es muß der Stern des jungen Fanes sein;
bald wird er aufgehen durch deinen liebevollen Dienst
am unvergleichlich strahlenden Stein,
den ich jetzt sehe, riesig angewachsen,
der wiederkehren wird und jeden Winkel dieser Erde
erhellen wird mit seinen Strahlen;
ich kann auch schon erahnen,
wie du für ihn sorgen wirst nach seiner Ankunft hier,
so sehe ich dich vor ihm stehen
und ihn begießen mit dem Sternenwasser aus der transparenten Schale,
die du mit dir bringen wirst aus jenen Welten, in denen du jetzt klingst und lachst;
Yimela, ich finde nicht die Worte, dir zu sagen,
wie ich mich nach dir sehne;
wenn wir nur deine Fröhlichkeit und Unbefangenheit
wiederfinden könnten in uns selbst,
dann würden alles Leid und aller Kampf versickern,
so wie das Wasser hier vor meinen Augen,
hinunterfließen in die Grotte der *Rayeta* und umgewandelt ihr als Nahrung dienen;
du und dein Zwillingsbruder, ihr seid meine Hoffnung;
alle Seelen werden sich erneuern und zur Blüte kommen,
wenn euch das Wohl des ewig jungen Fanesreiches einst anvertraut sein wird,
und der neue Rosengarten wird so prachtvoll sein,
wie niemand sich erträumen kann.

Suleiki, der erste neue Fanes

Ihr seid die Zwillingskinder,
und so rufe ich auch dich, Suleiki, hier an diesem gleichen Ort,
von unten wie von oben singe ich dich herbei, Suleiki,
von dort, wo du Zwiesprache hältst mit deiner Schwester,
durch die Klänge, die ihr der *Rayeta* schenkt;
zart und geschmeidig sehe ich dich
durch die hellblau glitzernde Grotte tanzen;
kleine Wellen streicheln den unvergleichlich strahlenden Stein,
der in gold-silbrigem Wasser schaukelt
und dem mit jedem Ton neue Facetten wachsen, mehr und mehr,
sogleich poliert von fleißigen *Salvans*;
auch du trägst jenen Stern auf deiner Brust, das Gegenstück zu ihrem;
wohin werden all die Wasserläufe führen
im Inneren des heiligen Berges,
um die du weißt und die *Rayeta* durch sie leitest;
bis zu der Herzinsel fließt der große Fluß, das hast du mir verraten,
und jetzt, als ich versuche, es mir vorzustellen,
entsteht ein kleiner Regenbogen
und schimmert vor dem Eingang, wo ich stehe;
ich nehme es als Zeichen, daß wohl alles möglich ist,
dort, wo ihr beide und der Wunderstein heranwachst
für ein neues Fanes, das noch unvorstellbar ist für uns;
hier ist der Ort, wo wir uns öffnen können für das Wunder
und uns dem anvertrauen, was ganz von selbst entsteht im Inneren des Berges,
wenn wir es nur nicht stören und die Heiligkeit des Ortes ehren;
der zarte Regenbogen dehnt sich aus bis in den Himmel,
wer weiß, wie weit sich diese Brücke spannt,
viel weiter, als ich jetzt erkennen kann,
doch durch ihr Licht hindurch kann ich dich sehen,
wie du den Rand der hellen Schale in den Händen deiner Schwester
berühren wirst mit deinem transparenten Stab,
und in dem Sternenwasser die Spirale sich von Neuem drehen wird;
Suleiki, gleich wie nach ihr sehne ich mich auch nach dir,
denn ihr seid unzertrennlich und eins mit dem leuchtenden Stein;
ich lausche euren Klängen, so daß ich eure Lieder singen kann,
um mich bereitzumachen und den Raum zu schaffen
für euch in meiner Seele;
auch wenn ihr noch nicht hier sein könnt,
ist dies der Ort, um eure Zeichen und Signale zu empfangen,
und uns vertraut zu machen mit dem Neuen, das kommen wird durch euch,
ich bitte euch und gebe dafür, was ich kann,
daß ihr uns nicht mehr allzu lange warten laßt,
bis wir uns hier, an diesem zeitlos jungen Ort, begegnen dürfen.

Die Mondprinzessin

Du Unbeschreibliche, Unnennbare, die du schon einmal hier warst
und einer langen Zeit der Dunkelheit ein Ende bereitet hast,
als die *Salvans* das Mondlicht zu Fäden spannen,
um die heiligen Berge in ein Lichtkleid zu hüllen,
die damals noch dunkel waren wie die Raben, ihre Boten,
du Leuchtende,
du hast deine Spuren hinterlassen in den Bleichen Bergen,
du hast Fanes berührt mit deinem weißen Kleid aus feinstem Hermelin;
noch heute kann ich sehen, wo du vorbeigegangen bist,
und ich stehe an dem Ort, wo du, leise und unbemerkt,
schließlich diese Welt verlassen hast;
die Brillanz deines Lichtstrahls war so groß,
daß seine Kraft Felsen sprengte,
und das höchste Geschenk, das du mitgebracht hattest,
du konntest es noch niemandem geben, nicht einmal einen Teil davon,
denn unerträglich war die Kraft des Steins für die Kinder dieser Erde;
doch du wußtest, daß eine Zeit kommen würde,
wenn sein Licht, nach innen wie nach außen strahlend,
würde allen Menschen Segen bringen,
durch die Hände deiner Tochter;
und so bist du wieder verschwunden, zurück zu deinem hellen Stern,
denn der Mond war nicht wirklich deine Heimat;
ich suche nach dem Ort, an dem du wiederkehren wirst,
um ihn würdig zu gestalten, vorzubereiten für deinen Empfang,
wo ich es wagen kann, dich herbeizurufen;
ja, ich bin sicher, daß du wiederkommen wirst,
hier her nach Fanes;
von der Herzinsel her wirst du kommen,
und hier werden wir auf dich warten,
Yimela und Suleiki mit dem großen,
unbeschreiblich leuchtenden Stein,
Dolasilla-Luyanta, die ihn verkleinert auf dem Herzen trägt,
Ey-de-Net gleich hinter ihr, und Königin und König,
Spina de Mul und die Tsikuta,
der Alte Salvan und auch die Weise Rabenfrau;
Moltina und der Prinz von Landro werden auch zugegen sein,
wenn du eintreffen wirst,
auch Murmeltier und Hermelin, hoch aufgerichtet,
und viele Menschen aller Farben,
die das hellblaue Licht in ihrem kristallenen Herzen tragen;
und du wirst Brot brechen mit uns allen,
und das neue, ewig junge Fanes wird geboren sein
strahlend im Glanz des unvergleichlichen Steins.

Nachwort

Nie werde ich den neuen Mythos von Fanes, so wie er sich mir enthüllt hat, aufschreiben und veröffentlichen. Diesen kostbaren Schatz werde ich nicht der Erstarrung und dem Mißverständnis preisgeben, die sich unweigerlich einstellen, wenn ein Mythos von seinem Bewußtseinsfeld abgetrennt und festgeschrieben wird. Lauscht ihm im Kerzenlicht der *Mesa*, im Kreis rund um ein heiliges Feuer oder unmittelbar an seinen zauberhaften Schauplätzen, wo die Worte mit den Steinen vibrieren! Dazu lade ich euch ein.

Ich verspreche es, nie werde ich ihm die Gewalt des geschriebenen Wortes antun. Doch erzählen werde ich ihn, so oft ich kann. Und einige unter den Jüngeren, die zuzuhören wissen, werden dem Ruf folgen, die Geschichte weiterzuerzählen und die Wayna Fanes-Tradition weiterzuleben, so daß der Mythos immer lebendiger wird und wächst von Generation zu Generation. So soll es sein!

Das geschriebene Wort kann Segen sein oder Fluch. Wir müssen vorsichtig damit umgehen, so daß es uns nicht den Kontakt mit *Pachamama*, Mutter Erde, raubt, und die zarten Fäden durchtrennt, die uns mit den Sternen verbinden.

Das vorliegende Buch ist das Ergebnis meines Bemühens, das geschriebene Wort so zu gebrauchen, daß es dabei hilft, diese Verbindungen zu erneuern und zu besingen. Wozu es anregen möchte, ist eine neue, die Erde ehrende Lebensweise, zu der auch das Wiederaufleben einer Erzähltradition gehört.

Ich danke all meinen Verbündeten aus der sichtbaren wie der unsichtbaren Welt dafür, daß sie mich so hartnäckig daran erinnert haben, meine Aufgabe zu erfüllen.

Glossar

Q: Quechua **S**: Spanisch **L**: Ladinisch **D**: Deutsch

Zur Aussprache der Quechua-Begriffe: Wie im Spanischen wird »ll« wie »j« (wie in »ja«) ausgesprochen, »ch« wie »tsch« (wie in »Matsch«) und »ñ« wie »nj«; »q« ist ein Laut so ähnlich wie »k«, aber etwas weiter hinten im Rachen; »w« wird wie »ua« bzw. wie »w« im Englischen ausgesprochen; »kh« bedeutet ein leichtes Hauchen nach dem K-Laut; bei »k'«, »q'« und »w'« handelt es sich um eine kurze Unterbrechung vor dem nächsten Laut; »aw« wird wie »au« ausgesprochen.

Zur Ausssprache der ladinischen Wörter: »Ay« wird wie »ai« ausgesprochen, »ey« als enges »ei« (wie in »hey«) und »v« wie »w«.

Apacheta (Q): wörtlich: »Der Akt des Zusammenbringens«; Steinschrein, der in den Anden heute meist in Form eines Steinhaufens oder einiger aufeinandergelegter Steine anzutreffen ist; in der Wayna Fanes-Tradition in der Form einer Pyramide oder eines Kegels (ähnlich einem Steinmännchen), gebaut aus unbehauenen Steinen, die ohne Mörtel kunstvoll zusammengefügt werden, umgeben von zwölf großen länglichen, aufrecht stehenden Steinen; heiliger Ort und Knotenpunkt auf einer Seq'e-Linie.

Apu (Q): heiliger Berg; hohes Geistwesen, das sich im physischen Berg verkörpert, beziehungsweise in ihm lebt.

Ayni (Q): Heilige Wechselseitigkeit oder Reziprozität zwischen allem, was ist; höchstes ethisches Prinzip der Andentradition; »heute für mich, morgen für dich«.

Ayllu (Q): in den Anden traditionelle Gemeinschaft aus mehreren Familien, die auf der Grundlage von Ayni zusammenleben; in der Wayna Fanes-Tradition eine Gruppe von Mesa-Träger/-innen, die als spirituelle Wahlfamilie für einen gemeinsamen höheren Zweck zusammenkommt und zusammenarbeitet.

Curandera/Curandero (S): Heilerin/Heiler oder Medizinperson; arbeitet meist mit einer Mesa, wobei der Schwerpunkt auf persönlicher und kollektiver oder planetarer Transformation liegen kann.

Despacho (S): Rituelle Gabe an Pachamama, die Apus oder andere spirituelle Instanzen, wobei die Zutaten dieser »Mahlzeit« meist auf einem Blatt Papier in der Art eines Mandala ausgelegt werden; wird überall in den Anden in unterschiedlicher Form für Heilungszwecke verwendet, ebenso in der Wayna Fanes-Tradition.

Dolomiten-Ayllu (D/Q): Von Waltraud Hönes gegründete Gruppe von Mesa-Träger/-innen, die mit den Apus der Dolomiten zusammenarbeitet, und aus der heraus die Wayna Fanes-Tradition geboren wurde.

Hucha (Q): Stagnation im Fluß von Kraft, die als Dichte oder Schwere wahrgenommen wird und die eine natürliche Folge des Lebens in der physischen Welt ist; Hucha kann jedoch an Pachamama abgegeben werden, die es als Nahrung »verdaut«.

Illapa (Q): Donner beziehungsweise die Donner-und-Blitz-Gottheit, die vermutlich in den Anden die ursprüngliche höchste Schöpfergottheit war.

Intikilla (Q): Wörtlich »Sonnemond«; steht für die solilunare Lichtquelle des kommenden gold-silbernen Zeitalters, das in der Wayna Fanes-Tradition mit der Verheißenen Zeit des Fanes-Mythos gleichgesetzt wird.

Khuya (Q): Medizinstück (meistens ein Stein) in einer Mesa, »etwas, wofür man sorgt«.

K'intu (Q): in den Anden zwei oder drei Cocablätter, die überlappend gehalten werden, um Gebete in sie hineinzublasen; in der Wayna Fanes-Tradition meistens durch Lorbeerblätter ersetzt.

Mesa (S): Anordnung von Medizinstücken

auf einem gewebten Tuch, das auf der Erde ausgelegt wird als eine Art schamanischer Altar; im Andenhochland oft als Bündel zusammengelegt und seltener geöffnet (dort auch Tawantin genannt).

Misarumi (S/Q): Mittelstück der Mesa

Munay (Q): Bedingungslose Liebe, Mitgefühl; eigentlich: »liebender Wille«

Ñoqa qan (Q): wörtlich: »ich du«, als rituelle Formel »ich als Teil von uns«.

Pacha (Q): »Raumzeit«; Zeitalter; Weltbereich

Pachakuti (Q): »Weltumkehr«; Ende eines Zeitalters, das mit großen Umwälzungen einhergeht; auch tiefgreifende persönliche Heilung ist letztendlich ein Pachakuti.

Pachakuti Mesa-Tradition (Q, S): von Don Oscar Miro-Quesada gegründete und überwiegend in den USA gelehrte kulturübergreifende schamanische Tradition, die auf die peruanischen Hochland- und Nordküstentraditionen zurückgeht, so wie sie ihm von seinen Lehrern Don Benito Qoriwaman Vargas und Don Celso Rojas Palomino vermittelt wurden.

Pacha Yachachiq (Q): Weltlehrer/-in

Pachamama (Q): Mutter Erde; bezieht sich sowohl auf das kosmisches Prinzip Erde als auch auf unseren lebendigen Planeten, aus dem heraus wir Menschen geboren werden.

Paqo (Q): Bezeichnung für eine Medizinperson aus dem zentralen Andenhochland

Pukllay Kawsay (Q): Das Spiel des Lebens

Qoriqolqe Pacha (Q): Die gold-silberne Verheißene Zeit, in der männliches und weibliches Prinzip in perfektem Gleichgewicht stehen und Himmel und Erde sich begegnen werden.

Rayeta (L): Der geheimnisvolle unvergleichlich strahlende Stein aus dem Fanes-Mythos.

Rayeta Wasi (L/Q): »Rayeta-Haus«: Mythisch gesehen der Tempel, aus dessen Innenhof heraus die Rayeta nach ihrer prophezeiten Wiederkehr strahlen wird; geplantes spirituelles Zentrum der Wayna Fanes-Tradition im Dolomitengebiet.

Ruta de Wiraqocha (S /Q): Der Weg, auf dem Wiraqocha in seiner menschlichen Verkörperung als Thunupa einst die Anden durchquert hat und auf dem die neue Weltlehrerin in umgekehrter Richtung wiederkommen wird; legendäre Pilgerroute um die Erde, auf der zu Zeiten eines Pachakuti einer neuen Weltordnung der Weg gebahnt werden kann.

Salvans (L): In den Dolomiten hilfreiche menschenähnliche Wesen, die hoch oben auf den Graten leben und die Fähigkeit haben, Licht zu Fäden zu spinnen; andere Salvans hingegen hüten die Eingänge in die heiligen Berge und die im Inneren des Berges verborgenen Schätze.

Seq'e (Q): gerade Linie oder »Geist-Weg« in der inneren schamanischen Landschaft, die ihre Entsprechung in der äußeren Landschaft findet, von den Apus ausgeht und Apachetas und Wakas verbindet.

Sonqo W'ata (Q): die »Herzinsel«: Südamerika

Tawantin (Q): siehe unter »Mesa«

Taripay Pacha (Q): das Zeitalter der Wiederbegegnung oder des Wieder-Zusammenkommens, das der Verheißenen Zeit oder dem Qoriqolqe Pacha vorausgeht.

Thunupa (Q): Wiraqochas einstige menschliche Verkörperung als Weltlehrer

Usnu (Q): bei den Inka erhöhter Altar oder zeremonieller Platz

Verheißene Zeit (D): Wenn sie angebrochen ist, wird das Reich der Fanes in neuer Form wiederkehren und die Rayeta für alle Kinder von Pachamama strahlen.

Waka (Q): Heiligtum, Tempel; verehrter heiliger Ort in der Natur

Wayna Fanes (Q/L): die jungen Fanes

Wayna Fanes-Tradition (Q/L): Neue europäische schamanische Tradition, die Weisheit und Heilkunst der Anden mit dem großen mythischen Erbe von Fanes auf harmonische und kraftvolle Weise vereint.

Wiraqocha(Q): Schöpfer(in) des lebendigen Universums.

Bibliographie

Abram, David: *The spell of the sensuous: perception and language in a more-than-human world.* New York: Vintage Books 1996 (deutsch: *Im Bann der sinnlichen Natur*, Oya im Drachen Verlag 2012)

Assagioli, Roberto: *Psychosynthese und transpersonale Entwicklung.* Rümlang: Nawo 2008

Aveni, Anthony F.: *Between the lines: the mystery of the giant ground drawings of ancient Nasca, Peru.* Austin: University of Texas Press 2000

Bauer, Brian S.: *The sacred landscape of the Inca: The Cusco ceque system.* Austin: University of Texas Press 1998

Bolin, Inge: *Rituals of respect: The secret of survival in the high Peruvian Andes.* Austin: University of Texas Press 1998

Eliade, Mircea: *Schamanismus und archaische Extasetechnik.* Zürich: Rascher 1954

Eliade, Mircea: *Mythen, Träume und Mysterien.* Salzburg: Otto Müller 1961

Ferrucci, Piero: *Nur die Freundlichen überleben: Warum wir lernen müssen, mit dem Herzen zu denken, wenn wir eine Zukunft haben wollen.* Berlin: Ullstein 2006

Gruber, Eva-Maria: »Neue Wurzeln in der Tiefe. Teil 1« in: *Connection Schamanismus* Nr. 8 (4/2011)*: europäischer Schamanismus.* Teil 2 in: *Connection Nr.* 9 (1/2012): *Religiosität der Urzeit*)

Hönes, Waltraud: »Schamanismus zwischen Anden und Alpen: die peruanische Pachakuti Mesa Tradition schlägt Wurzeln in Europa«. In: *Esotera* 1/2006

Hönes, Waltraud: »La Pachakuti Mesa ou le chamanisme péruvien au 3ème millénaire. Cosmovision pour une transformation personelle et planetaire«. In: *Stargate Magazine* 8/2005

Jung, Carl Gustav: *Der Mensch und seine Symbole.* Olten und Freiburg: Walter 1988

Kindl, Ulrike: *Kritische Lektüre der Dolomitensagen von Karl Felix Wolff, Band II: Sagenzyklen.* San Martin de Tor: Istitut Ladin Micurá de Rü 1997

Levine, Peter: *Waking the tiger: healing trauma.* Berkeley: North Atlantic Books 1997

Lovelock, James: Gaia: *A new look on life on earth.* Oxford University Press 1979

Lüpke, Geseko von: »Uralte Traditionen im Licht des modernen Denkens. Gespräch mit dem Inka-Schamanen Oscar Miro-Quesada«. In: Geseko von Lüpke: *Altes Wissen für eine neue Zeit: Gespräche mit Heilern und Schamanen des 21. Jahrhunderts.* München: Kösel 2008

Miro-Quesada, Oscar: »A shamanic remembering of universal humanity«. in: Barbara Marx Hubbard: *Birth 2012 and beyond: humanity's great shift in the age of conscious evolution.* Shift Books 2012

Narby, Jeremy: *Die kosmische Schlange: Auf den Pfaden der Schamanen zu den Ursprüngen modernen Wissens.* Stuttgart: Klett-Cotta 2001

Pichler, Anita: *Die Frauen aus Fanis: Fragmente zur ladinischen Überlieferung.* Innsbruck: Haymon 1992

Rösing, Ina: *Jeder Ort – ein heiliger Ort: Religion und Ritual in den Anden.* Zürich. Benziger 1997

Rösing, Ina: *Religion, Ritual und Alltag in den Anden: Die zehn Geschlechter von Amarete, Bolivien.* Mundo Ankari Band 6. Berlin: Reimer 2001

Sheldrake, Rupert: *The rebirth of nature: the greening of science and god.* Rochester: Park Sreet Press 1994

Sullivan, William: *The secret of the Incas: myth, astronomy, and the war against time.* New York: Three Rivers Press 1997

Urton, Gary: *Inca Myths.* Austin: University of Texas Press 1999

Vaughan, Frances: *Heilung aus dem Inneren. Leitfaden für eine spirituelle Psychotherapie.* Reinbek bei Hamburg: Rowohlt 1993

Walsh, Roger N./Vaughan, Frances: *Psychologie in der Wende*. Reinbek bei Hamburg: Rowohlt 1987

Wolff, Karl Felix: *Dolomitensagen*. Innsbruck: Tyrolia 1981

Wilber, Ken: *Halbzeit der Evolution*. München: Goldmann 1991

Wilber, Ken: *A brief history of everything*. Boston and London: Shambala 2001

NEUE ERDE GmbH
Cecilienstr. 29 · 66111 Saarbrücken
Fax: 0681 390 41 02 · info@neue-erde.de